华夏文库·儒学书系

跨越千年的论战
今文经学与古文经学之争

巴文泽 著

大地传媒　中州古籍出版社

《华夏文库》发凡

毫无疑问，每一个时代都有属于自己时代的精神追求、文化叩问与出版理想。我们不禁要问，在21世纪初叶，在全球文明交融的今天，在信息文明的发轫初期，作为一个中国出版人，我们正在或者将要追求什么？我们能够成就或奉献什么？我们以何种方式参与全球化时代的文化传播进程？在一连串的追问下，于是，有了这套《华夏文库》的出版。

自信才能交融。世界各大文明在坚守自身文化个性的同时，不约而同地加快了探视其他文化精神内涵的步伐，世界不同文明正在朝着了解、交流、碰撞、借鉴与融合的方向前进。在此背景下，建立自身的文化自信，正是与世界各文明民族进行文化交流的基本要求。五千年中华文明与文化正在不断地被其他文明所发现、所挖掘、所认知，汉语言正在生长为世界语言，儒文化正在世界各地生根发芽。

借助这样一种正在成长着的文化自信、自觉、开放、亲和之力，用我们这个时代的学术眼光全面系统梳理中华五千年的文明与文化，向其他各大文明与文化圈正面展示自我，让中华优秀文化成为世界文化的重要组成部分，正是我们出版这套文库的目的之一。此其一。

知己才能知彼。身处五千年文化浸润的今天，重新思考我们先人的人生思考、价值思考与哲学思考，找到一个民族、一个国家的价值所在、立命所在、安身所在，这已经是我们这个时代的学人与出版人不得不再思考的问题。作为中华文明的一分子，我们在思考的同时，还必须了解我们的先人创造了如何优秀的精神文明与物质文明以及社会文明。只有熟知自己的文化，热爱自己的文化，悟明自己的文化，我们才能宣说自己、弘扬自己、光大自己。因此，我们策划组织这套《华夏文库》的初衷，还在于让当下的知识青年全面系统瞭望中华文明与文化的全景，并借此能够对更为深广的世界各民族文化提供一个比较认知的基础。此其二。

顺势才能有为。我们正处在农耕文明、工业文明、信息文明的交汇处，信息文明带领我们从读纸时代进入读屏时代，以智能手机屏幕为代表的书籍呈现方式正在与纸质书籍争夺阅读时间与空间。我们正在领悟数字技术，正在以信息文明的视角，去整理、分析和研究农耕文明与工业文明的文化遗产，不仅仅是为了唤醒优秀的传统文化，我们还在生发和原创着当今时代的文化。由此，我们试图架起一座桥梁——由纸质呈现而数字呈现，由数字呈现而纸质呈现，以多媒介的书籍呈现方式，将文字、图像、声音与视频四者结合，共同筑成《华夏文库》以奉献给信息文明时代的新读者。此其三。

总之，这是一套——专家大家名家写小书；以最小的阅读单元，原创撰写中华精神文化、物质文化与社会文明系列主题与专题；以图文、音视频多媒介呈现的方式，全面介绍与传播中华文明与优秀文化，系统普及与推介中华文明与文化知识；主旨是为了让世界与中国共同了解中国的——大型丛书，借此，复兴文化，唤起精神，融入世界。

耿相新
2013年6月27日

目 录

引 言 ································· 1

一 今文经学与古文经学分流发展

1　今文经学从民间走向朝廷 ············· 7
2　古文经学蓄势待发 ··················· 15

二 初次争立古文经博士

1　古文经学的第一张宣战书 ············· 23
2　古文经博士与刘歆同命运 ············· 33

三 再次争立古文经博士

1　今、古文经学的拉锯战 ··············· 40

2　古文经博士再次昙花一现 ……………………… 45

四　谁的章句更准确

　　1　贾逵力挺古文经学 ……………………………… 48

　　2　李育非难古文经学 ……………………………… 53

　　3　白虎观今文经学压倒古文经学 ………………… 56

五　"经神"对抗"学海"

　　1　古文经学压碎倒今文经学 ……………………… 67

　　2　"学海"何休的发难和"经神"郑玄的应对 … 76

　　3　对抗二三事 ……………………………………… 82

六　通学下的今、古文经学之辩

　　1　王肃遍注群经反郑玄 …………………………… 87

　　2　郑学的反击 ……………………………………… 92

　　3　曹髦问难 ………………………………………… 94

七 最后的今、古文经学之争

1 经学在历史的挑战中发展 …………………… 101
2 晚清今文经学的兴起 …………………… 104
3 康有为和章太炎双峰对峙 …………………… 112

小知识目录

《书经》	14
《诗经》	21
《易经》	38
《春秋经》	46
谶纬之学	55
《礼经》	84
四书	99
《春秋繁露》	111
《孝经》	124

引言

中国经学，从西汉武帝独尊儒术，立五经博士时算起，距今已有2000多年。它是中国封建社会的意识形态，也是这一时期学术的主干。

经学是在西汉中期形成的，但它的形成却经历了一个漫长的时代。在这个漫长的"前经学时代"，儒家学派的形成和经书典籍的集结是最为重要的事情。

孔子创立儒家学派，是中国文化史上划时代的大事。孔子（前551年~前479年），名丘，字仲尼，春秋时期鲁国陬邑（今山东曲阜东南）人，是我国古代伟大的思想家、教育家、政治家，也是世界公认的文化名人。孔子创办私学，实行"有教无类"的教育理念，打破了"学在官府"的贵族垄断教育的局面，使得许多出身贫贱的子弟得以投奔到他的门下，成为他的高足。

孔子像

孔子（前551年~前479年），名丘，字仲尼，春秋时期鲁国陬邑（现在山东省曲阜市东南的南辛镇鲁源村）人，儒家学派的创始人，"六经"经其编订之后才成为儒家经典

孔子"学而不厌,诲人不倦",聚集在他门下的弟子,先后有3000多人,其中贤者多达70多人。

《诗》、《书》、《礼》、《乐》、《易》、《春秋》是我国最早出现的一批文化典籍。周代贵族用它们来教育子弟。孔子根据他的思想,对这些经书作了整理、编订,使其成为他教育弟子的教材。孔子创立的儒家学派影响越来越大,自春秋末期到战国初期,儒学已经成为了当时的"显学"。而经孔子及其弟子整理、编订的文化典籍,也逐渐成为了儒家的经典,被人们称为"六经"。

汉代初期,《乐》已经失传,人们将《诗》、《书》、《礼》、《易》、《春秋》称为"五经"。汉武帝"罢黜百家,独尊儒术",将儒家学说定为整个社会的正统思想,儒家所尊崇的典籍也就成了"经"——

汉画像石

讲经。经,即儒家经典。经学在西汉有"今文"和"古文"之分。汉武帝时设置了五经博士,专门研究《诗》、《书》、《礼》、《易》和《公羊传》

将儒家典籍官方化、权威化、神圣化，人们只能学习、解说，不能违背，更不能反对，并从学术理论逐渐向社会生活渗透，演化为整个社会的思想信仰、行为规范和风俗习惯。

随着社会的发展和经书研究的广泛和深入，经书的范围也越来越多，由五经陆续递增为七经、九经、十经、十一经、十二经、十三经、十四经。

儒家思想成为社会的主流思想和儒家所尊崇的典籍被尊为"经"，代表着经学正式形成。经学基本上有两层含义，即政治方面和学术方面。

从政治方面看，经学是中国封建社会官方的意识形态，是西汉武帝以后各封建王朝的理论基础和行为准则。作为经学，必须满足三个条件：一是它曾经支配中国封建社会的思想文化领域；二是它以当时政府所承认并颁布标准解说的五经或其他经典作为理论依据；三是它具有国定宗教的特征，且在实践领域中，只许信仰，不许怀疑。

从学术方面看，经学就是关于儒家经典的训诂注疏、义理阐释及其学派、传承演变等的学问。古代的书籍由于时代的变迁，已经使后人难以读懂，需要经师加以文字训诂；而经书中涉及的历史上的人物事件、名物制度，也需要对它们加以注解；经书中的微言大义，也需要经师作义理的解释。此外，关于经学学派、传承、演变的研究等，都属于学术方面。在经学中"注"、"疏"、"传"、"正义"、"章句"、"笺"、"解"等都是对经文的解释。

六经被视为天经地义、亘古不变的法典和权威，记载一切天地、社会、人生的根本原则。但六经都是先秦留下来的，由于先秦经书都写在竹简或木牍上，材料有限，书写困难，所以这些经书都写得很简略。而且，有些经书成书久远，距汉代都有上千年的历史，当时的用字、语法和书写习惯都与汉代不同,再加上秦始皇焚书坑儒对经书的破坏,后世对经书的研究就出现了不同的解释,经学也就出现了不同的学派。其中影响大且争论多的两个派别就是今文经学与古文经学,它们之间的争论从西汉末年一直持续到清朝末年,长达2000多年。

一 今文经学与古文经学分流发展

儒学是春秋末期和战国时期的显学,但是在秦王朝时却遭到了灭顶之灾,那就是秦始皇的焚书坑儒——儒家经书被烧、儒生被杀,儒学陷入了低谷。西汉建立后,儒学才慢慢恢复元气,在民间发展壮大,并逐渐被官方认可,至汉武帝时获得了被"独尊"的空前地位。

焚书坑儒

公元前213年,秦始皇采纳丞相李斯的建议,销毁除《秦记》以外的所有史书,民间只允许留下关于医药、卜筮和种植的书。公元前214年,咸阳的术士在背后议论秦始皇,秦始皇知道后,派人追查,以诽谤罪活埋了400多人。后人将这两件事合称为"焚书坑儒"

1. 今文经学从民间走向朝廷

西汉刚刚建立后,由于长期战乱的影响,民生凋敝、物资匮乏,人民迫切需要一个安定的社会环境发展生产,统治者也需要发展经济以巩固王朝的统治。汉初的几任皇帝,从汉高祖刘邦到汉景帝,都实行休养生息的政策,在思想上偏好主张无为而治的黄老之学。文化上也实行比较宽松的政策,被秦始皇暴力压制的诸子百家之学,又蓬勃发展起来。由于秦王朝是一个短命的王朝,从秦始皇猝死到汉王朝建立,仅仅过了8年,所以战国末期儒家的许多弟子还都在世。到了汉初,被秦始皇烧毁、禁止传播的《诗》、《书》、《礼》、《春秋》都被儒生默写成书,并开始传授弟子。而《易》在秦始皇看来是算卦之书,所以没有被焚毁,但也被用汉代通行的隶书重新誊写,也开始传授弟子。汉初或默写而成,或誊写而成的《诗》、《书》、《礼》、《易》、《春秋》都是用汉代通行的隶书写成的,隶书在当时被称为"今文",以这种"今文"文本为依据的经学,就是今文经学。

儒学的主要特点是"经世致用",就是要用儒家思想来治理社会,所以它不甘于"在野"的地位,一旦时机成熟,就会向庙堂挺进,伺

古都西安
西汉都城,也是西汉的文化中心,儒学就是在这里从私学上升为官学,形成经学

机成为官学,通过朝廷的支持来影响整个社会。从汉高祖刘邦时期开始,儒家学者就做了许多工作,努力使儒家思想成为官方正统思想,其间经历了一些挫折,直到汉武帝时期,终于完成了这一宏愿。

儒学在汉初复苏后,首先在民间流传,但儒学是政治色彩很浓的学术,它关注社会、关注人生,所以儒家学者不甘心于学术研究,一直在寻求机会使其与政治结合。在汉初,提升儒学地位的主要有两个人:叔孙通和陆贾。

汉高祖刘邦无赖出身,利用萧何的智谋、张良的权术、韩信的运兵得了天下,对于身穿儒服,满嘴《诗》、《书》的儒生根本看不上眼,经常抢过儒生的帽子扔在地上撒尿,并高声辱骂。

叔孙通是秦时的待诏博士,最大的特点是圆滑机智。在秦时,陈胜起义,秦二世询问,叔孙通说是鸡鸣狗盗之徒闹事,不成气候,靠撒谎从残暴的秦二世手中脱身,逃回老家薛地(今山东滕州),加入了项梁的部队。不久,他又领着百余名儒生弟子投到了汉王刘邦的麾下。他得知刘邦不喜欢儒生打扮,便脱下儒生的长袍,改穿刘邦喜欢的楚地的短装,取悦刘邦。

刘邦起兵时,跟他打天下的一干人大多是粗人,没有多少文化,更不知礼仪为何物。西汉建立后,这班军功大臣和刘邦经常在朝堂上饮酒,酒后便狂呼乱叫,甚至拔剑击柱,很不成体统。刘邦虽然厌烦,但也无可奈何。叔孙通便主动向刘邦请缨,要制定朝仪,驯服这帮没规矩的大臣,刘邦欣然同意。叔孙通和他的弟子排练了一段时间后,开始实施。从此,满朝文武大臣按照礼仪上朝,再没有人敢喧哗闹事,刘邦大为满意,说道:"我今天才知道做皇帝的尊贵!"于是拜叔孙通为太常,他的儒生弟子也都任为郎官,儒家开始在朝廷中发出自己的声音。

除叔孙通外,儒家学者陆贾用儒家的思想说服刘邦,使他改变了对儒家思想的看法。有一次,陆贾又给他说《诗》、《书》治国的妙用,刘邦的粗蛮相又爆发了,指着陆贾的鼻子骂道:"我是马上得的天下,要《诗》、《书》有什么用!"

陆贾也不示弱,据理力争:"马上得天下,能马上治天下吗?商汤、周武王以武力夺取天下,但是用仁义治理国家,文武并用,才使得天下长治久安。吴王夫差、晋国智伯武力强大,称霸一时,还不是身死国灭。秦始皇用武力横扫六国,势力何等强大,但他一统天下后,使用严刑峻法统治人民,结果二世而亡。如果当年秦始皇统一六国后,施行仁政,效法先圣,今天能有你的江山吗?"

刘邦听闻后安静了下来,面带愧色地说:"那你给我写份研究报告吧,分析一下秦失天下、我得天下的原因,以及古代国家兴衰成败的原因。"

陆贾给刘邦写了12篇政论文，每上一篇，刘邦都看得大声叫好，引得左右山呼"万岁"，最后他把陆贾的文章汇集成册，叫作《新语》。从此之后刘邦改变了对儒生的态度，还亲自到曲阜拜谒孔子庙，是历史上第一个拜孔庙的皇帝，开启了历代帝王崇奉孔子和儒学的先河。

汉景帝时，辕固生被立为《诗经》博士，成为皇帝的顾问，儒学正式被朝廷认可。汉景帝时的博士除了儒家的以外，还有法家、黄老之学等其他学派的博士。辕固生为了提高儒学在朝廷的地位，经常和黄老学者展开论战。有一次，他和黄老学者黄生就汤武革命展开了论战。黄生首先指责儒家所推崇的商汤和周武王，他说道："商汤、周武王并不是秉承天命而得天下，而是以臣弑君，篡权夺位。"意思是儒家所尊崇的并不是什么圣君贤王，而是乱臣贼子。

辕固生驳斥道："你这是胡说八道！夏桀、殷纣王荒淫无度，暴虐成性，天下百姓都归顺商汤和周武王。商汤和周武王顺应民心，和百姓一起诛杀了夏桀和纣王，人民都不听从夏桀和纣王的统治而归顺于商汤和武王，他们不得已而自立，这不是顺应天命又是什么呢？"

黄生自然不服，反驳道："帽子虽然破旧，那也要戴在头上；鞋子再怎么崭新，仍然要穿在脚上。为什么呢？因为上下位置不同。桀、纣虽然暴虐无道，但他们仍然是君上，汤、武虽然圣贤，但他们依然是臣下。君主有了过失，做臣子的不但不进谏修正君主的言行，以保持天子的尊严，反而因君主的过失而诛杀他，代替君主登上王位，这不是弑君又是什么？"

辕固生看了汉景帝一眼，对黄生说道："照你这么说，我朝高祖代替秦王登上天子之位，也不对了？"

没等黄生答话，汉景帝就说道："吃肉不吃马肝，不能算不懂味道，学者不谈论汤、武受命的事情,也不算愚昧。"于是结束了这场辩论。在这次辩论中,辕固生把汉高祖刘邦抬高到商汤、周武王这些圣王的高度,博得了汉景帝的好感。

汉景帝的母亲窦太后,喜好和服膺黄老之学,听说辕固生学问精深,就召见他,要和他讨论有关《老子》的问题。辕固生道:"这是家人谈论的学问,不是治国之术。"窦太后大怒道:"和司空城旦讨论的书相比怎么样呢?"这话是什么意思呢?原来秦始皇焚书时规定,胆敢私藏儒家经典的人就是罪犯,要在脸上刺字,并罚他们去修城墙或长城,这就是"司空城旦"。窦太后把儒家的书贬为罪犯之书,作为对辕固生的回击。她余怒未消,又给了辕固生一支毛笔,命令他去猪圈杀猪,以此来羞辱辕固生。汉景帝知道辕固生耿直进言,没有什么过错,就偷偷给了辕固生一把锋利的宝剑。辕固生进入猪圈后,挺剑直刺,正中猪心,猪重重地倒在了地上。窦太后知道后沉默不语,也没有再追罪辕固生。

汉景帝去世后,雄才大略又好大喜功的汉武帝登上了中国的历史舞台。此时的天下局势,已经发生了重大变化,要求用新的理论来解决新的问题。经过汉高祖、惠帝、吕后、文帝和景帝的休养生息,到汉武

汉武帝
实行"罢黜百家,独尊儒术"的政策,设立五经博士,建立太学,用儒家经典教育太学生,使儒学上升为经学

帝时国力已经非常强盛。对于汉王朝强大的对手匈奴，汉武帝不甘心继续施行屈辱的和亲政策，想用武力来解决匈奴问题，既能洗雪汉高祖刘邦时"白登山之围"的耻辱，又能彻底解决边疆的安定问题。而在国内，汉初所分封的诸侯国势力也越来越强大，虽然汉景帝时镇压了"七国之乱"，但诸侯国仍然能够威胁到中央政府的安危。

在这样的形势下，汉初所奉行的无为而治的黄老之学，在汉武帝看来就是对外继续受辱于匈奴，对内坐等诸侯国坐大，这都是他无法忍受的。他需要积极出动，必须有一种新的学说来支持他的行动，而儒家刚劲有为的精神，正合他的脾胃。汉武帝登基后，就支持儒学，而儒学也借助于新皇帝的支持，继续与黄老之学展开争斗。

汉武帝任用喜欢儒学的窦婴为丞相，田蚡为太尉，施行"尊崇儒家，贬低道家"的措施。窦婴和田蚡推荐儒家学者赵绾为御史、王臧为郎中令，控制朝廷重要职务，派使者把赵绾、王臧的老师申培公接到长安，准备设立明堂，实施儒家的礼乐制度。但他们的这一系列措施激怒了窦太后。汉武帝虽然是皇帝，但大权仍然掌握在他的奶奶窦太后的手中。窦太后突然发动政变，罢免了窦婴和田蚡，逼赵绾和王臧自杀，他们推行的政策也被废除。汉武帝初年的儒学遭到重大挫折。

汉武帝即位 6 年后，把持大权的窦太后去世了，汉武帝开始大展拳脚，实施自己的抱负。汉武帝虽然雄心万丈，但对于国家的兴衰治乱、人性的善恶贤愚、上天的灾异变化、国家的长治久安等问题非常困惑，想找到终极答案。于是他将这些问题昭告天下，让地方官吏推荐当地有名的知识分子来回答。汉代旷世大儒董仲舒将他的答案上书汉武帝后，汉武帝非常满意，又先后两次让董仲舒解惑。董仲舒发挥《春秋公羊传》的微言大义，又糅合了阴阳五行的思想，给了汉武帝满意的答案。汉武帝接受了董仲舒"罢黜百家，独尊儒术"和设立太学、用儒家思想教育学生的建议。

汉武帝"罢黜百家，独尊儒术"的措施主要有两个方面。第一个方面是罢黜其他学派的博士，只为儒家五经设立博士。汉初诸子百家都设立博士，到汉武帝时，逐渐废除了其他学派的博士，只有精通《诗》、《书》、《礼》、《易》、《春秋》的儒家学者才能被封为博士。汉武帝建元五年（前136年），共有八家儒家经学博士，其中《诗》三家、《书》一家、《春秋》两家、《易》一家、《礼》一家。

董仲舒
西汉前期最著名的经学大师，号称一代儒宗，以"天人三策"受到汉武帝重视，是"罢黜百家，独尊儒术"的提出者，儒学经学化的关键人物

第二个方面是为博士招收弟子，这是由董仲舒倡议、公孙弘策划实施的。原来的博士也有弟子，但那是私学，公孙弘实施的却是官学：为每个经学博士招收正式弟子50名，由太常从全国招生，要求年满18周岁、相貌端正、品行良好。一旦被选为博士弟子，则免除他们所负担国家的徭役赋税。还给博士招收数目不一的旁听生，由地方官员推荐那些喜好儒学、孝敬长辈、遵守法纪、名声良好的青少年充任。

弟子跟博士学习一年后，就要进行考试。如果能学通五经中的一经以上的，地方有"文学掌故"空缺，就去填补；如果考试特别优秀的话，可以在中央当郎中；如果考试太差，就令其退学。

如此一来，博士的社会功能和地位发生了显著变化。以前博士是"顾问官"，现在博士不仅是教育官，更是"官员教育官"，社会地位有了显著的变化。

经汉武帝"罢黜百家，独尊儒术"之后，经学正式形成。儒家学说从私学上升到官学，和政治逐渐合流，成为整个封建社会的正统思想。

小知识◎《书经》

《书》是我国流传下来最早的书籍，由上古历史文献汇集而成。后孔子根据搜访到的各国的历史文献，将它们重新选取、整理和编集，作为教授学生的材料。汉代称之为《尚书》，进而被尊为《书经》。《书》是秦重点焚烧的对象，损失严重。汉初伏生所传的《书》属于今文经学，之后的《欧阳尚书》、《大夏侯尚书》、《小夏侯尚书》都出自伏生所传之《书》。后来民间不断出现《古文尚书》，可惜没有流传下来，现存的《古文尚书》被学者认为是伪书。

2. 古文经学蓄势待发

就在今文经学从民间走向朝廷，成为官方学说的同时，经学的另一个学派——古文经学也悄然发展起来。

一个学派的发展首先是要有文本，古文经学的兴起也是从文本开始的。前面已经说到，汉初儒学五经的文本都是用汉代通行的隶书写成的，这就是今文经。除此之外，还出现了一些用先秦时期像蝌蚪一样的篆书写成的经书，称为古文经，以这种古文文本为依据的经学就是古文经学。

西汉时，朝廷实行了和秦始皇截然不同的文化政策。秦始皇烧书，并发布禁止民间藏书的"挟书律"，汉代不仅废除了"挟书律"，政府还广泛地收集民间藏书，并进行了整理，又将这些书籍珍藏在秘府。在收集书籍的过程中，发现了一批古文经书。

除中央政府收集民间藏书外，一些地方诸侯国也从事相同的工作，汉景帝之子河间献王刘德就是其中的代表。刘德喜欢读书，尤其是喜欢研究古代典籍。从民间得到一本好书，刘德一定会工工整整重新誊写一遍，把誊写好的书还给它的主人，而把原件留下来，并给书的主人一些金银布帛作为补偿。于是家有藏书的人从四面八方，有的甚至不远千里来给河间献王刘德献书。经过一段时间，刘德所得的书竟然和中央政府一样多。所不同的是，刘德所得的书大多是先秦的古文经书。刘德还在自己的王国里设立《毛诗》和《春秋左氏传》博士，对这些古文经进行研究和传授。

在民间，也发现了一些古文经，其中最著名的就是"孔壁出书"。汉武帝末年，鲁恭王刘余想扩大他的宫殿，就强拆孔子旧宅，从旧宅的墙壁里发现了整部《古文尚书》以及古《礼记》、《论语》、《孝经》的一些篇章，总共有几十篇。这些文献都是用先秦的蝌蚪文大篆写成的。它们大概是在秦始皇焚书和发布禁止民间藏书的"挟书律"时，被孔子的后人藏在了墙壁中。鲁恭王听说后，就去孔子老宅查看。当他到达孔子旧宅时，隐隐听到了鼓瑟钟磬奏鸣的声音，非常害怕，就下令停止强拆，并把这批古书归还给了孔子的后人。

将书籍藏在墙壁中来避祸的，不光是孔子后人，其他人也想到了这个方法。汉宣帝时，河内郡（在今天太行山以南，黄河以北，包括北至安阳、林州，东至滑县、新乡，西至济源、孟州的广大地区）一女子翻修祖传老宅，也从墙壁里面发现了一批古书，包括逸《易》、《礼》和《尚书》，并将这些古书上缴朝廷。汉宣帝将这些古书给了经学博士，让他们和今文经进行对比研究。博士们对比研究后，发现这些古书比今文经书各多一篇，就将它们加进了相应的今文经中，使今文经更加完善。

两汉之际的扶风茂陵（今陕西兴平）人杜林，在西州得到漆书《古文尚书》一卷，非常珍惜它，一直随身而带，书不离身。王莽篡汉败亡后，西部地区大乱，军阀混战，贼盗四起，杜林曾路遇贼盗，财物被劫，在差点被杀的情况下，也没有丢弃此书。之后，他又被军阀隗嚣囚禁

孔府
位于山东曲阜城内,在孔子故居上逐渐扩建而成。汉代孔府规模还很小,也没有后来的政治地位,所以鲁恭王才敢霸占。而"孔壁出书"也增加了孔府的神秘色彩

多年,仍然好好保存着这部古书。再后来东迁洛阳,他才拿出这部古书传授弟子。

古文经书发现后,就有学者对古文经进行研究,并与今文经进行了比较,发现了古文经与今文经的第二大不同:二者版本不同,篇目不同,字数不同,用字也不同。

西汉第一个传习《春秋左氏传》的是北平侯张苍。张苍是先秦儒学大师荀子的学生,曾跟荀子学习《左传》,擅长天文历算。秦统一六国后,张苍为御史,主管柱下方书(皇家藏书),后触犯法律偷偷逃跑。在秦末农民战争中追随刘邦,再次触犯刘邦的法律,按律当斩。在法场上,张苍被剥去衣服,准备砍头时,当时刘邦的谋士王陵发现张苍身体又高又大,而且浑身雪白,就像一个大葫芦,觉得此人不一般,

一 今文经学与古文经学分流发展 | 17

就言明刘邦,将张苍赦免。

西汉立国后,张苍被封为北平侯,先后担任过诸侯国赵国的丞相、中央政府的御史、淮南王的丞相等职位。张苍将《左传》传给了洛阳的贾谊,贾谊将其传给了他的孙子贾嘉,贾嘉将其传给了赵人贯公,贯公被河间献王刘德封为博士。此外,《左传》在民间流传也比较广,司马迁也曾经学习过《左传》。

鲁恭王刘余将强拆孔府发现的古书归还了孔子的第十一世孙孔安国。孔安国得到了这批古书,并将这批古书用"今文"——隶书誊写出来。他把《古文尚书》和《今文尚书》作了对比,发现《古文尚书》比《今文尚书》多16篇。孔安国将《古文尚书》献给了汉武帝,可惜当时正逢"巫蛊之祸",《古文尚书》没有被列为官学,而是被放置在了秘府之中。但孔安国却开始传习《古文尚书》,司马迁就跟他学过《古文尚书》。

何为"巫蛊之祸"?"巫蛊"是汉代流行的一种诅咒之术。诅咒者用桐木制作成小木偶人,上面写上被诅咒者的名字、生辰八字等,然后施以魔法和诅咒,将其埋放到被诅咒者的住处或近旁。实施此术者相信,经过这样的魔法,被诅咒者的灵魂就可以被控制或摄取,从而使被诅咒者死亡。武帝晚年多病,就怀疑是有人对他实施了巫蛊所致。征和二年(前91年),酷吏江充因与太子刘据有矛盾,借机

孔安国

孔子第十一世孙。早年跟申公学习《诗》,跟伏生学习《尚书》。"孔壁出书"后,他整理出了《古文尚书》。此书是汉代古文经学的主要文本。现存的《古文尚书》与孔安国的文本有多大关系,学界争议很大

诬告太子宫中埋有木人，企图借此除掉太子。太子非常害怕，就先下手杀了江充。武帝发兵追捕，太子兵拒五日，战败自杀。汉武帝进行了追查，前后被杀者从丞相到庶民有数万人。史称"巫蛊之祸"。

《毛诗》相传是孔子的高足子夏所作，经四世或五世传给了大毛公毛亨，毛亨之后传给了小毛公毛苌。河间献王刘德封毛苌为博士，并在都城乐城东面建造日华宫（在今河北泊头市西严铺），在北面君子馆村建招贤馆，命毛苌在此讲经，传授弟子。今河间诗经村西北面三里处的君子馆村，据《嘉靖河间府志》记载就是毛苌当初讲经的地方，人们一直尊称那个地方为"君子馆"。其旧址曾出土汉砖一方，上有篆文"君子"二字。

《易》不在秦始皇焚烧的范围，因此保存得相对比较完整，被官方列为官学的有四家，民间流传的还有两家，其中《费氏易》学被确定为古文经学。《费氏易》出处不明，直到西汉东莱（今山东莱州）人费直，才确立了这个学派的研究方法，这个学派也就被称为《费氏易》学。刘向在校书时，用秘府的古文《易》校对各家《易》，发现其他各派都有脱字的现象，只有《费氏易》与古文《易》一样。

《费氏易》在发展传承的过程中，将《易》的经文和传合在一起。《易》成书于殷周之际，而其传《十翼》成书于战国，二者本来各自成篇，自行流传。费直发明了以传解经的方法，将传打散，来解释经文，开创了《易》学研究的新面貌。但是费直只有草创之功，因为他只是用传来解释经文，并未打算将传附在经文的相应位置。后来经过郑玄和王弼的进一步工作，才形成了现在《易》的通行本。《费氏易》的发展，壮大了古文经学的声势。

今文经和古文经刚开始仅仅是文字、文本上的不同：在文字上，今文经用汉代通行的隶书写成，古文经开始则用先秦的蝌蚪文大篆写成；二者在文本的内容上的一些出入，如《古文尚书》比《今文尚书》多出25篇，《古文仪礼》比《今文仪礼》多出39篇，二者的一些具体篇章在字数的多少上、用字选择上也有不同。除了以上的差异外，古文经还提供了一些今文经没有的经书和传记，如《周礼》（也叫《周官》）和《春秋左氏传》。

儒学自孔子去世就划分为八个学派，走上了分流发展的道路，并且这些学派也开始了争论。先秦儒家两大宗师孟子和荀子的学术路向就颇为不同，荀子对孟子学派进行了严厉的批评。汉初儒学各派都得到了不同程度的恢复，在与黄老之学的斗争中，儒学各派尚能团结在一起一致对外，一旦外部的敌人消除后，内部的差异就呈现出来。在发展的过程中，差异和分歧越来越大，学派之间的争论也就不可避免。今文经学在汉武帝时被立为官学后，在官方的支持下发展，而古文经学则远离政治，在民间流传，二者分流发展。随着社会的发展，形势的变化，二者的冲突就会发生。

今、古文经学在文字、篇目及文字的多少等方面的不同，是双方分歧和争论的基础，但今、古文经学形成长期对峙争论的最主要的原因还不在于此，双方对孔子和六经的看法、所依据的材料、对历史事实的解释，以及研究原则和方法，都存在很大的分歧。

荀子

荀子（约前313~前238年），名况，字卿，因避西汉宣帝刘询讳，且"荀"与"孙"古音相通，故又称孙卿。他是战国末期赵国人，著名思想家、文学家、政治家，儒家代表人物之一，时人尊称其为"荀卿"

小知识◎《诗经》

《诗经》是中国最早的诗歌总集,收入自西周初年至春秋中期的诗歌,经孔子删订后共305篇,故而又称《诗三百》。西汉时被尊为儒家经典,始称《诗经》。汉初,传授《诗》的有四家:《韩诗》、《鲁诗》、《齐诗》和《毛诗》,其中《韩诗》、《鲁诗》、《齐诗》是今文经学,《毛诗》是古文经学。汉文帝时,《鲁诗》和《韩诗》被立博士,《齐诗》在汉景帝时被立博士,《毛诗》在王莽时被立博士,东汉被废。

二 初次争立古文经博士

以古文经书为文本依据的古文经学在民间悄悄发展,到西汉晚期已经蔚为大观,但古文经学者也不甘于民间地位,想取得和今文经学者一样的地位。在学术界首倡古文经学,建议设立古文经学博士,与今文经学进行抗争的,要归功于身为刘汉宗室后裔的大学者刘歆。

1. 古文经学的第一张宣战书

今文经学被立为官学、设置博士之后，取得了巨大的发展。博士们不仅有很高的社会地位，还有更多的经济利益，可谓名利双收。在这里先了解一下中国古代的博士制度。

古代的博士制度

博士现在是学位，但在古代是个官名。战国时候就有博士了，但详细情况已经不得而知。秦始皇时，博士有70人，他们精通古今历史，职务就是给皇帝当顾问。秦始皇焚书坑儒，导火索就是一个叫淳于越的博士。

公元前214年，秦始皇派兵向北夺了匈奴的河套，向南夺了南越的陆梁。第二年，也就是公元前213年，他在咸阳宫摆宴庆贺，博士们前去祝贺。仆射（博士之长）周青臣向秦始皇献上了自己的颂词："以前秦国不过方圆千里，由于陛下的英明神武，现在一统天下，海内平定，又夺取了匈奴和南越，日月所能照到的地方，没有不服陛下神威的。

还把诸侯之国改变为郡县,从此人人安乐,永无战患,江山传于万世。从古到今,没有哪个天子能比得上陛下的威德。"秦始皇听得满心欢喜。此时却有个古板的博士淳于越说道:"殷王朝和周王朝因为分封子弟和功臣为诸侯来保护王室,所以才有上千年的天下。现在陛下的子弟都是平民,一旦碰到权臣篡国,试问还有什么人能保护皇室?做事不效法古人,绝不能长久。周青臣当面阿谀奉承,不是忠臣!"秦始皇把他的主张交给大臣们讨论。于是才有李斯焚书和禁止民间藏书的"挟书律"建议。儒学惨遭重创,通古不通今的博士淳于越真是闯了大祸。

西汉初期,由于内外交困,无心建设文化,直到汉文帝时才恢复了博士制度。除了儒家之外,其他学派也立了博士。汉文帝时博士有70多人,和秦始皇时差不多。《诗》和《书》是五经里最早设立博士的。从现存的文献看,《诗》和《书》是被诸子百家引用最多的文献,说明《诗》和《书》在先秦影响很大,汉代最先恢复的就是这两个学类的博士。

汉代《鲁诗》的源头是荀子,申公是荀子的再传弟子,在汉文帝时被立为博士。《韩诗》的创始人韩婴,在文帝时也被立为博士。《书》学在当时已经很少有人研究了,汉政府寻找了很久,才听说济南有个叫伏生的懂《尚书》,且还在传经授徒,文帝时已经90多岁了。伏生原来是秦朝的博士,秦始皇焚书和实施"挟书律"后,他把《尚书》藏到自家的墙壁里,逃亡他乡。秦灭汉兴后,伏生回家去找,可惜已经丢失和损坏了一部分,只找到29篇,就用这29篇教授学生。因为年纪太大,朝廷没法征召他上京城,就派太常掌故晁错去济南伏生家里学习。当时伏生已经口齿不甚清晰,而且带有方言,晁错听得不是很明白,就让伏生的女儿羲娥在一旁当"翻译"。

经过半年的教与学,晁错将伏生讲解的《尚书》全部记录了下来,

伏生传经图
伏生,又作伏胜,字子贱,济南郡治(今山东章丘南)人,所传《尚书》是汉代《今文尚书》的源头。汉代所立的《今文尚书》博士,都是他的后学

返回朝廷后将记录好的书献给文帝。不久,朝廷就立晁错为《尚书》博士。汉景帝时,又增加了几个博士,立董仲舒和胡母生为《春秋公羊传》博士,立辕固生为《齐诗》博士。辕固生就是与黄老之学争论的那个儒生。

汉武帝采纳董仲舒"罢黜百家,独尊儒术"的建议后,就罢免了其他学派的博士,只准儒家的《诗》、《书》、《礼》、《易》、《春秋》设立博士。由于文帝和景帝之时已经立了《诗》、《书》和《春秋》博士,武帝就把《易》和《礼》的博士补足了。武帝时的五经博士,一共有八家:《诗》三家,《春秋公羊传》两家,《书》、《易》、《礼》各一家。

以后,各派又不断地分化,如《书》和《礼》、《易》各分为三派,《春秋公羊传》分为四派,还出现了新的学派《春秋穀梁传》。这些学派

汉宣帝

戾太子刘据的孙子,"巫蛊之祸"后流落民间,所以能体察民情,即位后能励精图治,颇有作为。他听说他的祖父戾太子刘据喜好《春秋穀梁传》,就很重视,石渠阁议上为《春秋穀梁传》设立博士

中有的被立为了博士,有的争取要立为博士。各派之间对经义的理解差别越来越大,争论也越来越大。为了统一各经的思想,决定哪些学派可以设立博士,公元前51年,汉宣帝在长安未央宫的石渠阁召开经学学术会议。会议有20多名经学名臣和经学学者参加,由一人提问,其他人讨论,最终由汉宣帝亲自裁决。这就是中国经学史上第一次由皇帝参加、裁决的,著名的石渠阁议。会后,最终确立了十四家今文经博士:《尚书》三家,《诗》三家,《礼》两家,《易》四家,《春秋》两家。《春秋穀梁传》、《梁丘易》、《大夏侯尚书》、《小夏侯尚书》、《大戴礼记》、《小戴礼记》首次被立为博士。

　　汉武帝时为每名博士配50名弟子,并免除他们的劳役和赋税。这些弟子跟博士老师学习一年后,要进行考试,能通晓一种经书的,就可以补任文学掌故的缺,其中优秀者可以担任郎中。博士的弟子人数也不断增加,汉昭帝时增加到100多人,汉宣帝时增加到200多人,到汉元帝时,激增到1000多人。到了汉成帝时,有人说孔子以一介布衣尚且能收徒3000人,而堂堂的国立太学的博士官的弟子反而比孔子少,有失国家威仪,于是汉成帝将博士的弟子增加到3000人。

刘歆争立古文经博士

刘歆，生年不详，卒于公元23年，字子骏，沛（今江苏沛县）人，是刘姓宗室楚元王刘交的后裔。他的父亲刘向，是当时著名的学者。刘歆博闻强记，聪明过人，从小就承袭家学，少年时便精通《诗》、《书》，后来又研究《易》，学术功底极为深厚。

刘向、刘歆父子受命整理秘府藏书时，发现了一批古文经典，激起了他们的兴趣。父子二人把这些古文经典与立为官学的今文经典进行了对比和校注，发现今文经典有脱简、漏字的现象，双方在篇目、用字上也有差异，更主要的是在对经典的解释上也有不同。

刘向去世后，刘歆继续校书，并仔细研究了古文经典，尤其是花费了更多的时间和精力研究《左传》。当时今文经学认为《左传》与《春秋》没有关系，只是先秦的一部历史书，也与孔子没有关系，而且没有明确的师承关系，不像《公羊传》和《穀梁传》是孔子的嫡传。刘歆研究《左传》后，改今文经学的看法，他认为《左传》的作者左丘明与孔子同时代，好恶也与圣人相同，又亲见夫子，《左传》一定优于《公羊传》和《穀梁传》。因为这二传都是孔子弟子所传，是传闻之学，不如左丘明亲自见孔子可信。故而刘歆认定《左传》优于《公羊传》、《穀梁传》，并用《左传》来解释《春秋》经文，将《左传》的传文附在《春秋》经文相应的地方，使得《春秋左氏传》义理和章句完备无缺。刘歆通过校对和研究后，又向当时有名的古文经学家请教，发现古文经学有它的独到之处，应该向全国推广，就向朝廷建议将《左传》、《古文尚书》、《逸礼》、《毛诗》四部古文经列为官学，设置博士，用它们来教授太学生。

战斗宣言——《移书太常博士》

汉哀帝令刘歆与太学的今文经博士们共同讨论设置古文经博士的问题。但今文经博士们拒绝参与讨论，以示反对。刘歆又多次求见丞相孔光，希望得到他的支持，但孔光胆小谨慎，不敢表态。

在协商无法解决的情况下，刘歆与支持他的光禄大夫房凤、光禄勋王龚共同写了著名的《移书太常博士》，发出了古文经学挑战今文经学的第一份挑战书，正式拉开了今、古文经学争论的序幕。在这份挑战书中，刘歆既称述了设立古文经学为官学的理由，又痛斥了今文经学及其学者的弊端、陋习。

刘歆首先回顾了今文经学立学官、设博士的过程。当时，今文经学设立博士的有十四家，但是，在汉文帝时为儒家设立的博士仅仅有三家：《诗》两家，《书》一家。以后今文经博士的队伍不断扩大，到汉宣帝时，增加到了十四家。

刘歆指出，汉代今文经学从最初的三家增加到十四家，是因为经过秦始皇的焚书坑儒和秦汉之际的战火，儒家的经书被毁，学术传承被打断，任何一家一派都不能反映经书的全貌，也不能尽得圣人之深意，需要大家共同研究，来推动整个经学的发展。今文经博士从三家到十四家，其目的就是"广学"——扩大学术研究的领域，增加学术研究的深度。现在古文经学也是六经的一部分，甚至比今文经学更加全面，因为古文经当时被人们藏起来了，躲过了秦始皇的焚书坑儒和秦汉之际的战火。古文经学对经书的理解也比较全面、准确，更能体现圣人的深意。比如《左传》，他的传承是从孔子到左丘明一直流传下来，比《榖梁传》和《公羊传》的口口相传更可靠，再如《逸礼》，比被立为官学的今文经学的《礼》要多出30多篇来。把它们立为官学、设置博士，其目的和设立今文经的博士一样，为什么今文经的博士可以增加，而比今文经更好的古文经就不能设立博士呢？

刘歆还分析了今文经博士反对设立古文经博士的原因。为什么反对呢？是因为功名利禄使然。博士是官，自然就有俸禄，就有权力。博士官不算小，汉初俸禄四百石，后来增加到六百石。博士官的升迁之路也比较广，在朝廷里可以升为奉常、侍中，甚至能够位列三公，如公孙弘，就是先被封为博士，后升为丞相；在地方可以做诸侯王的师傅，如董仲舒就做过胶西王的师傅。同时博士接近国家权力最高中心，能够利用儒家经学的权威干预现实的政治。经学博士不仅是官员，还是太学老师，把持着教育大权。汉武帝时为每名博士配50名弟子，到了汉成帝时，增加到3000人。庞大的博士弟子队伍就是官员的后备军，博士通过考试、选拔、推荐博士弟子以获得巨大的利益。现在要增加古文经博士，自然会增加竞争对手，从自己手中分一杯羹，妨碍自己的功名利禄之路，遭到今文经博士的反对也就是自然而然的事情了。

刘歆在他的挑战书中，揭露了今文经学在发展中的弊端和陋习，痛斥了今文经博士和执政大臣。今文经学家根本没有考虑到今文经在流传中有缺失，而是对残缺不全的经书文字进行了烦琐无聊的研究。一部经书只有几万字，但是对它进行解释的章句就达上百万字。由于今文经学有严格的家法，入门的弟子必须用本门先师留下的章句理解经书，结果使得一些读书人头发都白了，还不能读懂一部经书。对学术的研究，也必须用本门先师留下的方式解释经书，结果对经书解释的章句越来越长。有个叫秦延君的《书》学弟子，在解释《尧典》一章时，仅题目"尧典"两个字就用了两万多字，解释"曰若稽古"四个字，就用了 13 万多字，今文经学的烦琐可见一斑。更有甚者，有个叫郭路的博士弟子，晚上学习和修订章句，由于劳累过度，竟然累死在了灯下。这种学风，必须用比较朴实的古文经学来修正。

更为重要的是因为今文经书的残缺不全，不懂得古代礼仪制度，对于国家的大事不能进行指导，像封禅、巡狩等礼仪，今文经学根本不知道是怎么回事。

刘歆所提到的封禅，在古代社会绝对是大事。汉武帝封禅时，司马迁的父亲司马谈当时任太史令，不知什么原因留在了洛阳没有参加封禅大礼，郁闷至极，居然一病不起，临终前握着司马迁的手说："当今天子上接千年之统，封泰山，这是千年盛事啊，我却不能参加，这是我的命啊，我的命啊！"从司马谈的悲伤和绝望中，我们可以想到封禅是一件多么重要的事。江山易主，王朝更迭，是古代最重要的大事，但谁替代谁，那是由天命决定的。有人一旦坐了江山，就要进行祭祀，给上天报告一声，说他已经受了天命，这就是封禅。古人没去过西藏，不知道珠穆朗玛峰是世界上最高的山峰，在他们看来，泰山巍峨挺拔，就是天下最高的山了，孔子就曾经说过"登东山而小鲁，登泰山而小天下"。泰山最高，离天就最近，因此祭祀大礼要在泰山进行。在封禅时，会出现各种奇珍异兽，像灵芝、凤凰、麒麟等，表示上天知道了这件事，用这些奇珍异兽来做出回应。

传说舜和禹都举行过封禅大礼，可惜那都是几千年前的事了，没人知道是真还是假。秦始皇是第一个实践封禅的皇帝。秦始皇自认为其功劳超过了三皇五帝，而且在秦文公时，就获得了一条黑龙。秦始皇认为这是秦受天命要坐天下的征兆，所以他一统天下后，有必要给上天汇报一下他已经受了天命。秦封禅时，问儒生们封禅的礼仪，儒生们议论纷纷，却得不出一个统一的结论，更有儒生说封禅其实很简单，就是扫扫地，放一块干净的席子，上面放点祭品就可以了。秦始皇听闻后大怒，斥退了儒生，自己上山，用秦国传统的祭祀上天的礼节举行了封禅。可惜没有什么奇珍异兽的嘉瑞出现，反而在下山时遭遇了暴风雨。没有参加封禅大礼的儒生们幸灾乐祸，认为秦始皇没有遵守他们的礼节，触犯了天怒。后秦始皇焚书坑儒，儒生就以讹传讹，说秦始皇封禅时遇到暴风雨，根本就没有举行封禅仪式，所以秦朝国运短暂。

西汉建立后，从刘邦到汉景帝，都对儒学不热心，也没有人对封禅感兴趣，好大喜功的汉武帝上台后，对封禅极为感兴趣，又兴致勃勃地举行封禅大礼。公元前110年，汉武帝决定进行封禅。可惜和秦始皇一样，汉武帝身边的这班儒生也和秦始皇时的儒生一样不争气：把祭祀的礼器给他们看，他们说和古代的礼器不一样；问他们封禅的礼节是什么，没有人能说得清楚，并且鸡说鸡有理，鸭说鸭有理，没有一个统一的说辞。汉武帝到这个时候，忍不住发了和秦始皇一样的怒气，就把这班儒生都撇在一边，用祭祀上天的礼节在泰山上祭祀，并且叫人把远方的奇禽异兽放了满山。仿佛是上天派这些奇禽异兽来通知人们，上天已经收到了汉武帝的汇报一样。

刘歆认为遇到封禅这样的大事，本来是儒家大显身手的时候，可是由于今文经学家无能，导致了儒学没有在国家大事中发挥应有的作用。出现这种情况的原因就是今文经学经书不全，不知道古代礼仪，而《左传》、《古文尚书》、《逸礼》、《毛诗》四派古文经学，恰好能补充今文经学的不足，在以后的国家大事中发挥作用。

刘歆在挑战书的最后，痛斥今文经学家抱残守缺、党同伐异、嫉妒古文经学的行径，实是小人之举！

刘歆这份言辞激烈的挑战书，引起了今文经博士和执政大臣的怨恨，遭到了他们的激烈反对。光禄大夫龚胜以退为进，以辞职为要挟；大司空师丹更是暴跳如雷，对皇帝说刘歆乱改经书，诋毁先帝，要求将他处死。今文经博士更是对刘歆谩骂、驳斥，纷纷要求惩罚他，刘歆被迫离开京城以避祸端。

2. 古文经博士与刘歆同命运

刘歆虽然满怀忧伤地离开了京城，但不久就传来了好消息：他的好朋友兼同学王莽重新执政了！王莽和刘歆是太学时的同学，两人都喜欢古文经学，关系非常好。西汉末年，外戚专权，王莽是汉元帝皇后弟弟的儿子，是汉哀帝时的外戚重臣。刘歆争立古文经博士时，王莽因汉元帝外戚王氏家族与汉哀帝外戚傅氏家族（汉哀帝祖母家族）、丁氏家族（汉哀帝母亲家族）争权，也被贬出京城，无力支持刘歆。三年后，王莽重新入京执掌大权，也为古文经学立学官、设置博士带来了契机。

王莽
王莽（前45~23年），字巨君，西汉的终结者、新朝的建立者，但改制无方，新朝很快覆亡。王莽执政期间，为古文经设立博士。

首设古文经博士

王莽再次执政后，一方面在政治上处心积虑地步步篡汉，一方面又在思想上大搞文

北京国子监辟雍

辟雍本为西周天子为教育贵族子弟设立的大学。取四周有水，形如璧环为名。其学有五，南为成均，北为上庠，东为东序，西为瞽宗，中为辟雍。其中以辟**雍为最尊**，所以统称为辟雍

化建设，博取名声。对于刘歆来说，王莽对他既有知遇之恩，又是他复兴儒家文化理想的靠山。王莽先是兴建了儒家极为看重的明堂、辟雍，刘歆参与了设计和建造。这项蔚为壮观的工程，发动了十几万太学生和民众，仅仅20天就竣工了。完工之后，王莽又征集天下各种逸书和古书，藏在明堂、辟雍，又征召全国各类能人异士，汇聚到明堂、辟雍读书讲学。最主要的是王莽将《左传》、《古文尚书》、《逸礼》、《毛诗》立为官学，设置博士，达到了刘歆"广学"的目的。

古文经学被立为官学，设置博士之后，有人就开始反对。左将军公孙禄就指责刘歆："颠倒五经，破坏师法，令天下学子疑惑。"所

谓"破坏师法"就是指刘歆建议设立的古文经学，没有明确的师承关系。因为这些古文经的典籍大多都是从秘府中发现，并没有老师确立研究经书的方式，也就是所谓的家法或师法。而汉代人却是最看重家法和师法的。老师所传，弟子要严格遵守，一个字都不能有出入，和老师相反的就不接受。今文《易》学家孟喜，虽然学问精深，但是因为擅改师法，没有被立为博士。

至于说到"颠倒五经"，则反映了今、古文经学的一个重大分歧。今文经学和古文经学对儒家五经的排序不同：今文经学的排序是《诗》、《书》、《礼》、《易》、《春秋》，古文经学的排序是《易》、《书》、《诗》、《礼》、《春秋》。在现在看来，这就是个不同的排列而已，没什么大不了的，但在经学家看来，这可是非同小可的事。对五经排序的不同，反映了今文经学和古文经学对孔子地位和作用的认识。今文经学认为孔子是"素王"，五经是孔子表达微言大义的凭证，《诗》、《书》、《礼》是"素王"政治的具体礼节和教化内容，而《易》和《春秋》则是孔子思想精微所在。《诗》、《书》、《礼》、《易》、《春秋》是按照由易到难的顺序排列的，越往后越难理解，也越高深。另外，《诗》、《书》、《礼》、《易》都被理解为是古代帝王的产物，而《春秋》则是孔子所编订的，也是最深奥的，这就意味着孔子比古代帝王更高明。

古文经学则按照经书成书的时间排列：《易》之八卦为伏羲所画，自然要排在第一位；《书》是从《尧典》开始的，尧比伏羲晚，所以排在第二位；《诗》最早的是《商颂》，比尧、舜要晚，所以要排在第三位；《礼》是周公所作，比商汤又晚，故排在第四位；《春秋》是鲁史，又经过孔子的修订，所以排在最后。这种排列实际上把孔子看作一位"述而不作，信而好古"的圣人。按照传统尊古的观念，孔子变成了圣人之末,大大降低了孔子的地位。公孙禄就指责刘歆"颠倒五经",其实就是说刘歆降低了孔子在经学中的地位,与今文经学中孔子"素王"的形象不符,所以要求王莽将刘歆诛杀,以告慰天下。

刘歆自杀,古文经博士被废

王莽自然不会因此而诛杀刘歆,但王莽和刘歆的"蜜月"也没有持续多久。刘歆是汉宗室后裔,虽然王莽对他有知遇之恩,他也把王莽当作"广学"的靠山,但他不会主动革去刘氏江山的命。当年刘歆利用古文经学为王莽摇旗呐喊、添阵助威,是把王莽当作重振汉室的周公,希望他能匡扶汉室,而不是取而代之。但是一个假天子的周公,根本满足不了王莽的胃口,他需要做真天子。王莽篡汉后,刘歆被王莽封为国师、嘉新公,位列上公,三个儿子也都封侯,女儿也嫁给王莽的儿子,可谓富贵一时。但是刘歆仍然忧心忡忡,他担心汉宗室不会善罢甘休,他更忧惧王莽反复无常、猜忌多疑、凶残暴虐的性格。果然不出刘歆所料,王莽的屠刀始终高悬在他的头上,第一刀先落向了刘歆的二儿子刘棻和小儿子刘泳。

这事还得从王莽的心腹甄丰说起。甄丰是王莽篡汉的得力干将,事成后王莽封甄丰为更始将军、广新公,后任大司空,并封他的儿子和孙子为侯。甄丰既得富贵,又惧刘汉宗室和天下豪杰,想渐渐和王莽保持一定的距离。而对王莽来说,甄丰性格刚强,王莽也颇为忌惮,就以符命为由封了一个卖烧饼的为更始将军,与甄丰同列,意在牵制他。甄丰当然不高兴。他的儿子甄寻封茂德侯,官居侍中,兼京兆大尹,也制造了一个符命,说新朝应该设立爵位更高的"二伯",由甄丰为右伯,太傅平晏为左伯,仿效周公、召公的旧例。甄寻的符命上奏后,王莽默认了这个符命，批准了甄寻的申请。就在甄丰述职离京就职时，甄寻再次制造符命，称黄皇室主将要嫁给自己。

甄寻的贪婪，给甄家带来了灭顶之灾。黄皇室主是王莽的女儿，汉平帝的皇后。王莽篡汉后，被改号为定安太后，王莽为了强迫女儿改嫁，又更其号为黄皇室主。黄皇室主为人有节操，刘汉被废后，就称疾不朝。王莽看到甄寻上奏的符命后，就感觉符命有假，同时又害怕他逼女儿嫁人被人笑话。为了钳人之口，他就拿甄寻开刀，立即捉拿甄寻。甄寻接到消息后逃跑，王莽兵围甄府，向甄丰要人，甄丰无奈自杀，刘歆的二儿子刘棻和小儿子刘泳受到牵连。一年后甄寻被捕，连同刘棻和刘泳数百人一起被杀。

王莽的第二把屠刀落向了刘歆的女儿刘愔。刘愔嫁给了王莽的儿子王临，王莽在妻子病重的时候，命令王临在宫中侍候。王临就和他母亲身边的侍女原碧私通，而王莽早就临幸过她。王临怕事泄被杀，就谋杀王莽。刘愔跟刘歆学过占星之术，告诉王临星象有异，宫中将会有血光之灾。王临大喜，以为计划将要得逞。但王莽已有警觉，并发现了王临的阴谋。王莽赐其毒药，王临不喝，王莽亲自刺杀了他。最后，王莽下诏给刘愔说："王临不懂占星之术，事情都因你而起。"意思是王临要谋杀王莽，是刘愔惹的祸。刘愔被逼自杀。

刘歆二子一女皆死于王莽之手，虽然迫于王莽的淫威无可奈何，但内心的悲痛和愤恨之情可想而知，一旦有机会，必会反抗王莽。新莽后期，朝内众叛亲离，朝外狼烟四起，叛军蜂起，王莽惶惶不可终日。此时，《河图赤伏符》的谶语"刘秀发兵捕不道，四夷云集龙斗野，四七之际火为主"已流传天下，朝中有人认为谶语中的"刘秀"就是刘歆，鼓动他谋诛王莽恢复汉室江山。刘歆知道谶语指的不是他，而是在南阳起兵的刘秀，也就是后来的光武帝。但他答应一起劫持王莽投靠刘秀,却因谋事不周,事情泄露,在走投无路的情况下自杀身亡,结束了他充满争议的一生。

刘歆死后不久,王莽也被起义军杀死。新莽政权仅仅存在了15年,他和刘歆所设立的古文经博士也被废除。古文经的博士虽然被废除,但其影响却日益增加。在王莽执政期间,古文经学的典籍被完善,设立古文经博士之后,为博士招收了大量的学生,以及新莽政权按照古文经学的制度建设,都对古文经学的发展有重大的促进作用。所以新莽政权虽然败亡了,但挡不住古文经学发展的脚步,它反而以更大的力量来对抗今文经学。

小知识◎《易经》

《易》原指上古的占卜算卦之书,西汉时始称为《易经》。《易经》包括两个部分:《经》和《传》。《经》部由卦名、卦象、卦辞、爻象和爻辞组成,《传》部包括《彖》上下、《象》上下、《系辞》上下、《文言》、《说卦》、《序卦》、《杂卦》。《传》是对《经》的解释,所以又称为《十翼》,相传为孔子所作。《易》是占卜之书,因而躲过了秦始皇的焚书,在汉代流传颇广,今文经学主要有田氏、施氏、孟氏、京氏《易》等,古文经学主要是《费氏易》。

三 再次争立古文经博士

王莽所立的古文经博士被废除后，已经发展壮大的古文经学却不甘屈居于今文经学之下，古文经学家要借助皇帝的支持，继续挑战今文经学，要把古文经学也立为官学，设置博士，取得和今文经学一样的地位。

1. 今、古文经学的拉锯战

东汉建立之时，古文经学已经发展到足以同今文经学分庭抗礼的态势了。光武帝本人经学出身，也喜好经学，东汉王朝建立后，他就打算恢复西汉博士制度，并想让博士参与政治。光武帝对今、古文经学并没有偏好，他即位不久，就召集著名的经学大师入京讲学。在应诏入京的七位经学大师中，有三位是今文经学家，四位是古文经学家。

古文经学再次争立博士

古文经学兴盛起来后，古文经学家就迫切地要求朝廷把古文经学也列为官学，设置博士，取得与今文经学一样的地位。这样一来，今文经学独尊的地位受到了来自古文经学的挑战，为了捍卫自身的权威与利益，必然同古文经学形

刘秀
东汉开国皇帝，年轻时曾就学于太学，立国后大兴经学，为东汉经学大盛奠定了基础

成两军对垒之势。为了解决双方的争论,由光武帝刘秀亲自主持会议,众多学者参与,中心议题就是要不要设立古文经的博士。

古文经学家韩歆当时担任尚书令,他率先给光武帝上书,要求为古文经《费氏易》和《左氏春秋》设立博士,光武帝召集公卿、大夫、今文经博士在云台讨论韩歆要设立古文经博士的建议,首先让今文《易》博士范升谈谈对韩歆建议的看法。范博士早就憋了一口气,现在总算找到机会了,他说道:"《左传》不是孔子所传,而是左丘明的著作,又没有明确的师承关系,来历不明,而且当年汉武帝和汉宣帝设立博士时,并没有设立《左传》博士,所以《左传》根本没有资格设立博士。"

他的论点当即遭到了韩歆和《左传》学家陈元的反驳。他们认为:第一,《左传》是孔子所作,传于左丘明,这是不可辩驳的事实,《论语》等文献可以作证。第二,西汉今文经学的博士也是逐渐设立的,汉景帝设立了两个博士,汉武帝设立了8个博士,汉章帝设立了12个博士,只要能够发展学术,设立古文经博士也未尝不可。第三,如果先帝没有设立古文经博士就不应该设立,按照这种逻辑,今文经的博士也不应该设立,因为最先的先帝刘邦并没有设立今文经博士。如果再引申更远的话,盘庚迁都、周公经营洛邑、东汉建都洛阳这些历史都不应该存在。

双方争论不休,直到中午方才罢会。

今文经学全力阻止

罢朝后,范升心意难平,连夜写了一份奏折,上书光武帝,再次申述了古文经博士不可立的理由:经学作为官方学说,文本要有权威性,不能任意增加。如果今天增加了《费氏易》和《左传》,那明天就有《高氏易》、《驺氏春秋》、《夹氏春秋》也要求被立为官学，设置博士。立还是不立呢？如果不立，凭什么《费氏易》和《左传》就能立呢？这样只会招致其他学派的抱怨和不服。如果立，会有更多的学派要求被立为官学，如此一来，经学权威何在？所以现在就要断绝再立博士之路，一来可以维护经学权威，二来可以制止其他学派争立学官，避免无穷无尽的麻烦。一旦答应设立古文经博士，就会引起经学内部无止境的攀比，最终影响经学服务于政治大一统、思想大一统的目的。还有，汉哀帝时刘歆就争立过古文经博士，当时汉哀帝就认为《费氏易》和《左传》没有明确的家法传承，也没有正儿八经的学者，它们的内容在许多地方与今文经学相背离，所以没有答应刘歆的建议。后来虽然王莽设置了古文经博士，但那是为新莽政权服务的，所以很快就被废除了。既然《费氏易》和《左传》的来历值得怀疑，就不能为可疑的东西设立博士。

范升进一步强调，现在东汉刚刚建立，朝廷的施政纲领和法律制度还没有制定，虽然恢复了官学，但太学还没有学生，设立古文经博士不是当前所急。目前朝廷应该把精力放在制定施政纲领和法律制度上。教育方面，首先要为太学招收学生，让青年学生学习已经确立的官学，而不是把时间浪费在尚存争议的古文经学上。

最后，他希望光武帝能够"以疑传疑，以信传信"，就是对古文经这些有疑问的学派就让他们在民间传承，而对于已经没有异议的且已被确立为官学的今文经继续作为官学发扬光大，这样才能保持思想的统一，维护国家的安定。

在奏折的后面，范升还附上了他的学术成果，就是他通过对比今古文经学，发现《左传》有14处是错误的。他将《左传》的这些错误附上，来加强其争论的说服力。

古都洛阳
洛阳，东汉都城，也是东汉的文化中心，经学在这里繁荣昌盛

光武帝又把范升的奏议下发群臣，令众博士及群臣继续讨论。陈元对范升的奏议予以批驳。陈元首先给光武帝戴了一顶高帽，说光武帝文韬武略，在恢复汉室江山后，深感经学良莠不齐，鱼龙混杂，所以经常和大臣在朝堂上谈经论道。光武帝深知左丘明非常贤明，又亲自受孔子教诲，而《公羊传》和《穀梁传》都是孔子之后才出现的，所以想立《左传》为官学。但他广泛征求大家的意见，要让大家来决定，而不是独断专行。如果不是光武帝英明神武，这是万万做不到的！

但现在今文经学家沉溺于自己的师说旧闻，用道听途说的今文经来反对孔子亲自传授的古文经《左传》。至于说到研习《左传》的人少，这只能说明《左传》的深奥，而不能成为不立《左传》的理由。因为《左传》曲高和寡，圣意难明，所以只有少数的贤人才能研习。好比《高山流水》这样最好的音乐不是一般人能听懂的，所以钟子期死后，伯牙割断琴弦,不再弹奏;再如和氏璧这样最好的宝物,不是一般人能看出来的,所以卞和惨遭荼毒,伤心伤身,流血流泪;即使是孔子这样的圣人,也不容于世,恓恓惶惶,东奔西跑,更何况是《左传》这样的经书,被他人所排斥,也是情理之中的事。现在战事平息,天下安定,就要重振儒学,体察圣人之意。因此要立《左传》为官学,揭示圣人的深意,阐发经书的精义,解除学者心中的疑惑,使后学者不再狐疑,这是天下人的大幸事。

别出心裁的论据

范升当然不服,这次他独辟蹊径,用司马迁的《史记》作为反面教材,反对立古文经学为官学。因为司马迁在撰写《史记》时引用了古文经学的材料,所以范升列举出了《史记》中错误的地方45个,而且很多地方与今文经学不合。他还认为《史记》丑化了孔子,故而证明《史记》不可靠,进一步认定古文经学不可靠,因此不能立为官学,更不能设立古文经博士。

陈元对此也做了批驳,认为《史记》的错误是细枝末节,像年份有误、对事件的描述有遗漏等,但是今文经学则将其上纲上线,视为天大的错误,并且断章取义,故意扭曲,却对《史记》的巨大成就熟视无睹,这是极其荒谬的。司马迁是一名学识渊博、态度严谨的史学家,在《史记》中他并没有丑化孔子,相反,他非常推崇孔子。《史记》与今文经学不合的地方,只能说明今文经学有问题,而不是司马迁和《史记》出了问题。所以,《史记》不仅不是不立古文经学为官学的理由,反而是立古文经学为官学的有力论据。

陈元和范升的相互论难多达十余次,但谁也无法说服谁,双方都奏请光武帝裁决。

2. 古文经博士再次昙花一现

光武帝本来就有意设立古文经博士,并且在争论中,古文经学明显占了上风,这更加坚定了光武帝的决心。

意外的古文经博士

经过多番辩论后,光武帝终于下定决心,为《左传》立学官,设立博士。他命太常选博士候选人,太常给了他一份四个候选人的名单,其中陈元名列第一。但光武帝考虑到陈元与今文经博士们多次辩论,双方积怨颇深,就将名列第二的李封立为《左传》博士。

古文经博士因"疾"而终

今文经学家得知朝廷的决定后,议论纷纷,自公卿以下,多次在朝廷上争论。而就在此时,新立的《左传》博士李封因病去世,光武帝也没有再让他人替补,事情就这样不了了之。第二年,朝廷正式确立了今文经十四家博士，而古文经博士一个也没有。古文经博士再次昙花一现，这种局面直到汉末也没有改变。

小知识◎《春秋经》

  《春秋》在先秦泛指编年史书。春秋战国时期，诸侯国都有自己的《春秋》，汉时始称《春秋经》。汉初流传的《春秋》是孔子以鲁国的《春秋》为底本，根据自己的理解进行整理删订而成的。《春秋》学者认为《春秋》包含了孔子的"微言大义"，对"微言大义"的理解就形成了《春秋》三传：《左传》、《公羊传》和《穀梁传》。其中《公羊传》和《穀梁传》是今文经学，《左传》是古文经学。

四 谁的章句更准确

古文经学虽然未被立为官学,但它的影响却越来越大,研习的人也越来越多。古文经学与今文经学的争论也更趋于激烈。汉章帝时,两派又展开了一次大的争论。争论的重点从能否设置博士转移到章句的正确性。

1. 贾逵力挺古文经学

汉章帝也喜好经学，尤其是《古文尚书》和《左传》。他即位后，就下诏让当时的古文经学大师贾逵入北宫白虎观和南宫云台讲学。

贾逵曲意解《左传》

贾逵(30～101年)，字景伯，扶风平陵(今陕西咸阳西北)人。西汉名儒贾谊的后代。贾逵自幼随他的父亲贾徽学习经学。贾徽曾经跟随刘歆学习《左氏春秋》，还学习过《国语》、《周官》以及《古文尚书》、《毛诗》，著有《左氏条例》21篇。贾逵得到了父亲的真传，20岁就能背诵《左氏传》和五经全文。虽然他精通古文经学，但也熟悉今文经学。汉章帝非常欣赏贾逵的学问，就命令他阐发《左传》优于《公羊传》、《穀梁传》的地方。于是贾逵便摘录出了《左传》比其他二传高明的37个条目，这些条目都是涉及君臣和父子关系的。贾逵认为，《公羊传》长于阴谋权术，而《左传》却尊崇皇帝和父亲，贬低臣子和儿子，加强皇帝的地位，弱化大臣的权力，奖励善行，惩戒恶行,圣人治理国家的道理,明明白白,完整无缺。贾逵还利用汉章帝迷信谶纬的心理来提高《左传》的地位。贾逵说道:"今文经学家都说颛顼取代黄帝,这样尧就不是火德了。如果尧不是火德,那么继承尧的汉代也就不是火德了,这跟五行之说不合。而《左传》认为少昊代黄帝,即图谶所谓帝宣也。那么尧就是火德,汉代也就是火德了,这才是正确的。"

汉代德运的争论

为何贾逵将汉代的江山归为火德,就能获得皇帝的欢心呢?这还要从古代政权的合法性谈起。古代人要做天子,不是什么人都可以,必须要有天命才行,这就是古人信仰的"君权神授"。他们经常所说的"顺天承运"就是指接受了天命而成为天子的。但这种天命又如何被知晓呢?阴阳家邹衍继承前人理论,创造了一种五德始终论,能够说明和推测这种神秘的天命。西汉的今文经学家董仲舒和伏生又继承和发展了这种理论。五德是指五行木、火、土、金、水所代表的五种德性,世界上的万事万物都是由此确定的,这五种德性相生相克,决定事物的变化和运转:金克木,木克土,土克水,水克火,火克金;金生水,水生木,木生火,火生土,土生金。做天子的人一定具有五德中的一德,于是上天给他一些祥瑞让他知道,这就是接受了上天的命令,并根据自己所属的德性建立一套制度。天命就在这五种德性中不断循环。

据说黄帝是土德,天现巨大的蝼蛄和蚯蚓作为祥瑞,黄帝见了说"土气胜",所以他的颜色是尚黄的,他的制度是尚土的。后来土德衰败了,在五行中,木是克土的,所以天就出现了草木秋冬不杀的祥瑞,大禹见了说"木气胜",然后建立了木德的制度,木德所尚的颜色是青色。此后汤以金德克木德,其祥瑞是刀刃上生出水,所尚的颜色是白色。周文王以火德克金德,其祥瑞是红色的鸟衔着红色的书,落在了他的土地神庙上,所尚的颜色是红色。秦始皇统一天下后,按照五德始终论,他应该是克周火德的水德,秦文公时发现的黑龙就是他的祥瑞,所以他就以水德自居,并创立了一套水德的制度:以农历十月作为岁首;衣服和旌旗都用黑色;数字以六为纪,如车是六尺、拉车的马是六匹;行政刚毅果断,依法治国;将黄河更名为德水等。

按五德始终论,汉朝代替秦朝,是土德克水德,汉朝应该属于土德。但是现在贾谊认为刘汉王朝属于火德,按五行相克原理,是水克火,而不是火克水,秦的水德已经克了周的火德,汉取代秦后,怎么可能是火德呢?汉代的天命到底是哪个德运,一直是一个争论不休的问题。刘邦起兵时,曾经杀了一条大蛇,有人说是赤帝之子杀了白帝之子,所以刘邦就用红色作为正色,以十月作为岁首。汉室初立,一切草创,没有什么理论指导,一切制度都继承秦朝。诸子百家逐渐恢复后,汉室的德运问题才被提上议事日程。鲁地人公孙臣和贾谊认为根据五德始终论,汉克秦而立,应该是土德,颜色尚黄。当时丞相张苍认为,秦王朝国祚太短且暴虐无道,不属于正统朝代,应该由汉朝接替周朝的火德,所以汉朝的德运应该是水德。而且当年汉高祖刘邦进军霸上时,秦王子婴向刘邦投降,汉正式取代秦,当时是十月,而秦的岁首也恰好是十月,这就是一种天意。文帝时,黄河金堤决口,这也证明了汉的德运是水德。汉文帝觉得张苍说的有道理,将公孙臣罢免回家。但是三年后,有人在成纪(今甘肃静宁)发现了黄龙,按照五德始终论,这是土德的祥瑞,说明汉代的德运应该是土德。汉文帝又召回了公孙臣,并拜他为博士,让他和其他的读书人操办改岁首和颜色的事情。

但这事却不了了之，没有落实。

到汉武帝时，治《今文尚书》的兒宽和司马迁等人同样认为汉朝的德运是土德，因为根据五行相胜说，秦朝是水德，汉朝夺取秦的江山，就是土克水，所以汉代应该是土德，应该正朔、正颜色。汉武帝采纳了他们的建议，公元前104年，他正式宣布改制：定理历法，以正月为岁首；颜色尚黄；数字用五，官名的印章改为五个字。

西汉末年，刘向、刘歆父子又提出了汉的德运是火德。刘向父子的理论根据也是五行说，所不同的是，他们不是依据五行相胜说，而是五行相生说。五行相生说根据《易传》的一句话"帝出乎《震》"确定第一位德运的帝王属于木德。《震》是东方之卦，东方五行属于木，因此帝王的德运应该从木开始，最古的帝王是伏羲，伏羲就是木德。然后由木生火，炎帝就属于火德，这样不断地循环，直到汉代属于火德。

秦朝属于水德，水生木，汉朝应该是木德，但刘向父子怎么会得出火德呢？原来刘向父子认为秦朝以水德居于周、汉的木火之间，失去了它的五行次序，所以国运短暂，因此只能列入"闰统"。既然是"统"，那秦当然不孤独，它还是有前辈的，从伏羲到汉，五行相生图如下：

木	1. 太昊伏羲氏	6. 帝喾高辛氏	11. 周
闰水	共工	帝挚	秦
火	2. 炎帝神农氏	7. 帝尧陶唐氏	12. 汉
土	3. 黄帝轩辕氏	8. 帝舜有虞氏	
金	4. 少昊金天氏	9. 伯禹夏后氏	
水	5. 颛顼高阳氏	10. 商	

刘向父子的五德相生论虽然没有被刘氏的皇帝接受，却被王莽认可并大力宣传。当然，王莽认可，并不是为了保持汉的国运，而是别有用心，那就是他以黄帝之后自居，用土德来代替汉的火德。王莽虽

然失败了，但他使用过的五行相生论却被后来东汉的皇帝所接受。从光武帝开始，东汉的皇帝就认定自己是火德，这种说法也被汉以后的人们所接受，所以汉朝也被称为"炎汉"，因汉朝皇帝姓刘，因此汉朝又被称为"炎刘"。

《左传》中载有"陶唐氏既衰,其后有刘累"一句，贾逵即借题发挥，利用谶纬，说此"刘累"是尧的后代，也是刘邦的祖先，经过好多代人的辗转迁徙，刘邦的父亲刘丰流落到沛县。而刘邦又在沛县接受天命，起兵造反，建立汉朝。刘汉王朝继承了尧的帝位，是天命所归。《左传》能直接证明刘汉王朝是天命所归，当然比《公羊传》和《穀梁传》高明。贾逵用这种牵强附会的方法，以博取皇帝欢心的方式进行有利于自己的学术争论，被后世学者所耻笑。

汉章帝看了贾逵的奏疏自然非常高兴，认定《左传》比其他二传要高明，不仅赐给贾逵布500匹、衣服一套，还令贾逵从研习《公羊传》的严氏与颜氏二家弟子中挑选20名高才生，教授《左传》，并赐给每人一套简、纸、经、传。

2. 李育非难古文经学

贾逵对《左传》的追捧，激怒了今文经学博士李育。他奋起反击，证明今文经学比古文经学更准确。

李育反思今文经学

李育，字元春，扶风漆（今陕西彬县）人。自幼就学习《公羊春秋》，沉思专精，博览群书，名扬太学。李育虽然专攻今文经学，但他也涉猎古文经学，在读《左传》时，虽然喜欢它的文采，但对它的义理却不以为然，觉得《左传》没有体会到圣人的微言大义。公元76年，李育被拜为今文经《公羊传》的博士。

李育认为在光武帝初期陈元和范升的争论中，范升没有发挥《公羊传》的经义，而是引用图谶与陈元相争，所以在与《左传》的争论中处于下风。李育对此深为不满，就作了《难左氏义》四十一事，来说明《公羊传》比《左传》高明。

今、古文经学和图谶

李育所提到的图谶也叫谶纬,是在西汉末期兴起的一种神学迷信思潮。"谶"也叫谶语,原本是一种托助于"上帝"、符合"天意"的政治性预言或隐语,起源很早,先秦就有。相传秦穆公睡了七天七夜,醒来后说:"天帝告诉我,晋国以后会大乱,五代不得安稳,之后会称霸天下。"秦始皇时有"亡秦者胡也"、"始皇帝死而地分"、"今年祖龙死"等谶语。"纬"则是相对"经"而言的,是对经书所作的神学的解释,并把这种解释托之于孔子。比如说,汉代儒学经书有五经、七经之说,因此纬书也就有五纬、七纬之说,这些书的书名都取得奇奇怪怪,来表示它们的神秘和玄妙,如《乾凿度》、《援神契》等。由于纬书中夹杂着谶语,后来两者就混在了一起,统称为谶纬。谶纬著作中有时又附有图,故而又称为图谶或图纬。

汉代人本来信仰的就是天人感应,在西汉末的乱世中,阴阳五行说和这些神学迷信的谶纬就更有市场了。王莽和光武帝刘秀就是其中的狂热分子。在西汉末年,就有"赤厄三七"的谶语,"赤"指的是火德的汉代,"三七"指汉朝的气数有210年,"厄"指的是天要改变它的德运了。这条谶语使王莽野心暴增,在公元9年距汉高祖刘邦建汉210年的时候,又出现了许多谶语,最典型的就是有人造了两个符命,分别是"天帝行玺金匮图"和"赤帝行玺邦传皇帝今策书",就是要黄帝的后代王莽代替炎帝的后代刘氏,王莽就废了幼童皇帝"孺子婴",正式建立新朝。汉光武帝刘秀起兵,就是受了谶语"汉当复兴,李氏为辅"的鼓动,后来他知道了"刘秀发兵捕不道,四夷云集龙斗野,四七之际火为主"的谶语,就直接称帝以应谶语。光武帝利用图谶起家,所以他格外崇信谶纬,在处理政事遇到纷争时,常常利用谶纬来做决策,并正式"宣布图谶于天下",使图谶取得了类似于今天国家宪法的地位,地位在经学之上,因此也称为"内学",经学则成为了"外学"。

　　谶纬虽然在东汉地位崇高,但就其内容而言,则肤浅粗陋,荒诞不经,是在西汉今文经学天人感应和阴阳五行的基础上的进一步神学化和庸俗化,不断有学者对谶纬提出了批判。范升和陈元在争论中是如何利用图谶辩论的,现在已经不得而知,但李育觉得范升应该充分发挥今文经学解经的特长,来论证今文经学对经的理解是准确的,而不是利用粗陋简单的图谶来与古文经学争胜。所以当贾逵利用图谶来论证《左传》高于《公羊传》时,他就按捺不住与之争论,白虎观大会,给了他直接和贾逵辩论的机会。

小知识◎谶纬之学

　　谶纬之学的基本内容和主要倾向,是把儒家经典神秘化和宗教化。它是有文献体系的政治神话,其中包括了完整的三皇五帝系统、圣上感生受命的传说、任意比附的灾异祥瑞等,实际上是封建神学与庸俗经学的混合物。其中也包含了一些古代的神话传说,以及天文、历法、地理方面的知识,是汉代人思想世界的反映。

3. 白虎观今文经学压倒古文经学

东汉建立后,古文经学取得了长足的发展,而今文经学仍然是官学,得到政府的扶持,力量依然强大,更有谶纬异军突起,势力盖过了今文经学和古文经学,三者之间争论不断,今文经学和古文经学之间争论尤甚。统治者意识到必须要消除二者的差异,维护思想的统一,于是效法汉宣帝的石渠阁议,召开了白虎观会议。

白虎观会议上的争论

建初四年(79年),校书郎杨终向汉章帝上书,建议召开经学大会,讨论今、古文经学的优劣,企图将二者统一起来。汉章帝采纳了他的建议,于是在同年十一月下诏,由太常召集大夫、博士、议郎、郎官及儒生共集白虎观,共同探讨今、古文经的异同,汉章帝亲临裁决,其中著名的学者有:

杨终,字子山,蜀郡成都(今属四川)人,是这次大会的倡议者。杨终13岁时,就当小吏,太守对他的才华非常惊奇,就派他到京都洛阳学习。杨终在太学学习《春秋》，对《左传》、《穀梁传》和《公羊传》都有所涉猎。汉明帝时，拜为校书郎。

杨终对今、古文经学都了解，对于它们之间的分歧颇为忧虑，认为现在天下太平，应该学习汉宣帝石渠阁统一五经的做法，召集经学名家，再次统一五经经义。于是他上书汉章帝，要求召开经学会议，统一五经章句。汉章帝批准了杨终的奏折，可是杨终差点不能参加这次经学盛会。原来杨终在白虎观会议召开之前被人弹劾关进了监狱，博士赵博、校书郎班固、贾逵等人认为杨终精通《春秋》，并且学问深厚，见解独到，上书汉章帝，希望能够免除他的过失，让他参加白虎观会议。而杨终也在狱中上书汉章帝，为自己辩护。最后杨终被无罪释放，有幸参加由他发起的白虎观会议。

鲁恭，扶风平陵（今陕西咸阳西北）人。12岁时，鲁恭做武陵太守的父亲去世，他回乡给父亲办丧事，比成人更加懂得礼节，乡里的人都非常惊奇。15岁时，和母亲、弟弟一起居住在太学，学习《鲁诗》。鲁恭兄弟俩每天闭门学习，从不参与年轻人的游乐活动，被当时的学者所称道。

由于太尉赵憙的推荐，鲁恭被拜为中牟（今属河南）令。鲁恭为官注重道德教化，而不使用刑罚，治下政治清廉，民众信服。建初七年（82年）河南发生虫灾，奇怪的是中牟却没有害虫侵入。河南尹袁安听闻后不信，派官员肥亲去中牟调查。鲁恭陪伴肥亲在田野中考察，走累了在地头的桑树下休息，旁边还有一个小孩也在乘凉。突然有只野鸡飞过，停在了小孩的旁边，但是小孩并没有去抓这只野鸡。肥亲觉得很奇怪，就问那个小孩："小朋友，你为什么不抓这只野鸡啊？"小孩回答道："这只野鸡要去喂养它的孩子，我捉了它，它的孩子就会饿死。"肥亲听了马上站起来，与鲁恭道别，说道："我之所以来这里，就是为了考察你的政绩。现在害虫不犯境，此一异也；教化及禽兽，此二异也；小孩子都有仁心，此三异也。如果继续考察下去，只不过是打扰贤者罢了。"

肥亲回到河南府之后，如实向袁安汇报，袁安也觉得惊奇，将鲁恭的事迹上报朝廷。不久，鲁恭被征入朝廷，拜为侍中。汉章帝召开白虎观会议，鲁恭因为精通《鲁诗》，得以参加这次盛会。

丁鸿，字孝公，颍川定陵（今河南舞阳北）人，13岁就跟随当时的经学大师桓荣习经。桓荣是汉明帝当太子时的老师，《欧阳尚书》的博士，丁鸿在其门下，三年学成。丁鸿善于辩论，有时为了一个问题，甚至挑着经书步行千里与人辩论。

丁鸿官宦出身，他的父亲丁綝跟随光武帝征战天下，被封为定陵新安乡侯，食邑五千户，后迁封为陵阳侯。丁綝去世后，按朝廷礼制，丁鸿世袭为陵阳侯。当初丁綝跟随光武帝刘秀征战天下时，丁鸿和他的弟弟丁盛留在家乡相依为命，生活极为艰苦。丁鸿觉得弟弟在年幼时吃了不少苦，就上书朝廷，将爵位让给丁盛，朝廷没有答应。在父亲的丧事办完后，他给丁盛留了一份书信离家出走。在信中，丁鸿谎称自己身患重病，要去寻求名医治疗，将爵位让给丁盛。

丁鸿弃官逃至东海时，遇到了他的同学兼好友鲍骏，两人曾在桓荣门下学习，志趣相投，感情深厚。丁鸿知道鲍骏会劝自己不要弃官，所以故意装作不认识他。但鲍骏并不在意，他拦住丁鸿说道："当年伯夷、吴札在乱世中弃官，完成他们的志向，这是不得已而为之，你现在弃官，难道当今也是乱世？《春秋》之义：不以家事而废王事。现在你却因为兄弟私恩而断绝你父亲留下的基业，这叫聪明吗？"丁鸿感悟，垂泪叹息，乃回家接受世袭的爵位，并开始教授弟子。鲍骏也上书，将丁鸿的经学成就和他弃官的事迹上报汉明帝，汉明帝也觉得丁鸿是圣贤之人。

永平十年（67年），丁鸿被汉明帝召见，给明帝讲解《文侯之命》篇，汉明帝非常满意，赐给丁鸿一套御衣和绶带，并用官府的车马接送他，给他和博士一样的礼遇。不久，丁鸿被拜为侍中。永平十三年（70年），兼射声校尉。汉章帝建初四年（79年），迁封为鲁阳乡侯。

在白虎观会议中，丁鸿以其深厚的经学功底、出众的才华及雄辩的口才，在论战中观点明确，证据确凿，论证有力，被参加会议的学者所称道，汉章帝也数次称赞，此后民间就有"殿中无双丁孝公"的美誉。

会后，丁鸿数次收到汉章帝的赏赐，并升迁为少府，章帝还让他去校书。随着丁鸿名声越来越大，投到他门下的弟子也越来越多，从远方来求学的多达数千人。

魏应，字君伯，任城（今山东济宁）人，自幼喜欢学习，光武帝初年，在太学跟随博士学习《鲁诗》。魏应在太学求学期间，闭门苦读，不结交官宦，为京城学人称道。学成后回任城，在郡国为官，主持文化事业。后因病辞去官职，在山泽中教书授徒，门下弟子常达数百人。汉明帝初年，被封为博士，不久又迁为侍中。永平十三年（70年）升为大鸿胪，五年后升至光禄大夫，位至三公。

魏应学问深厚，德行高尚，弟子众多，当时有记载的就多达数千人。汉章帝也非常敬重魏应，拜他为五官中郎将，经常将他召入宫中讨论经学，好几次因为折服章帝而被重赏。在白虎观会议中，魏应以五官中郎将的身份负责提出问题，供双方讨论。

楼望，字次子，陈留雍丘（今河南杞县）人，从小学习《严氏春秋》，操节清白，在乡里有贤名。汉光武帝时，赵节王刘栩闻其高名，派人带着玉帛想请楼望为老师，遭到婉拒。后来，楼望担任郡府功曹。

汉明帝初年，被封为侍中、越骑校尉，进入朝廷讲学。永平十六年（73年），迁为大司农。两年后，代周泽为太常。建初五年（80年），因犯事被贬为太中大夫，后为左中郎将。

楼望一生诲人不倦，门生众多，当时有记载的就多达9000多人，世称儒宗。因为他精通《严氏春秋》而被邀请参加白虎观会议。

桓郁，字仲恩，沛郡龙亢（今安徽怀远）人，是当时著名的经学大师、明帝为太子时的老师桓荣的小儿子。桓郁性格敦厚，自幼跟随父亲学习《欧阳尚书》，勤学苦读，成年后学有所成，学问不在其父之下。桓郁出师后，也开始收徒教学，门下多达数百人。

桓荣去世后，桓郁当世袭关内侯的爵位，桓郁自思不是长子，哥哥虽然去世，但是他的儿子桓泛已然成年，所以桓郁上书汉明帝，要求将爵位让与他哥哥的儿子桓泛。汉明帝拒绝了他的要求，桓郁不得已世袭父亲的爵位，但是他把爵位的俸禄都给了桓泛。

因为桓郁是自己老师的儿子，又谦恭礼让，汉明帝对他非常亲厚，常常和他一起讨论经学，也同他商讨一些政事，不久桓郁就升迁为侍中。汉明帝自己著了一部《五家要说章句》，令桓郁在宣明殿校对、定稿，并封其为侍中兼虎贲中郎将。

永平十五年（72年），桓郁走上了父亲之路，入宫教授皇太子经学，升迁为越骑校尉。汉明帝下令太子、诸王子给桓郁恭贺致礼。桓郁在教授太子时常常向太子进忠言，多数被太子接纳。太子即是后来的汉章帝。桓郁因为母亲去世，乞求辞官居丧，汉明帝下诏让桓郁以侍中的身份居丧。建初二年（77年），升迁为屯骑校尉。

汉和帝即位后，外戚窦宪上书皇太后，要求桓郁入宫给和帝讲授经学，太后批准。于是将桓郁升为长乐少府，入宫讲学，不久又转为侍中奉车都尉。永元四年（92年），代丁鸿为太常。

桓郁给汉章帝和汉和帝当过老师,皇家对他的恩宠极其深厚,赏赐前后多达数千万,显赫一时,门徒众多,其中杨震、朱宠,皆至三公,为当时儒者羡慕。

白虎观会议,桓郁既是汉章帝的老师,又是《尚书》名家,故而被邀请参加,参与讨论五经今、古文经学之间的异同。

班固(32~92年),字孟坚,扶风安陵(今陕西咸阳东北)人。其父班彪是当时著名的学者,给予了年幼的班固良好的儒学世家教育和熏陶,更兼之班固聪颖好学,9岁即能著文作赋。由于班彪是当时著名的学者,许多人慕名而来,向班彪请教或讨论学问,年幼的班固也参与其中,偶尔的发言流露出他非凡的才华和高远的志向,被许多学者所称道,尤其被当时著名的思想家王充看好。

随着年龄和学问的增长,班固开始不满足于儒学世家的家庭教育。为了进一步深造,班固于16岁时进入洛阳太学学习。在太学里,班固用功苦学,不仅精通今文经学和古文经学,而且对其他百家学说,都能深入钻研。班固读书不拘守一师之说,也不停留在字音字义、细枝末节的注解上,而是要求自己贯通经籍的大义。由于班固性格宽厚随和,平易近人,不因为自己才能出众而骄傲,所以得到了同学及士林的交口称赞。

班固

班固,字孟坚,东汉史学家、文学家。潜心20余年,修成史学巨著《汉书》,并且善于作赋。《两都赋》是其代表作

班固23岁时,他的父亲班彪去世,班固失去了生活来源,不得不从京城

四 谁的章句更准确 | 61

迁回扶风安陵老家居住,从京城官宦之家一下子降到乡里平民的地位,这对班固是一次重大的打击。但是,班固并没有气馁,立志继承父亲的未竟之业,决心修完汉史。就在班固全力撰写《汉书》时,却有人告发他私修国史,被关进了京兆监狱,书稿也被官府查抄。当时,不仅私修国史是被严格禁止的,而且国史一般也不能为个人所拥有。班固虽是外戚后代、儒学世家子弟,才高识远,但他本身只是一介平民,却如此大胆,敢私修国史,已经触犯了朝廷大禁。

面对突如其来的变故,班固的弟弟班超为了营救哥哥,立即从扶风安陵老家出发,策马疾驰,穿华阴、过潼关,赶到洛阳上疏为班固申冤,引起汉明帝对这一案件的重视,特旨召见班超核实情况。

此时,扶风郡守也把在班固家中查抄的书稿送至京师。明帝读了书稿,即刻对班固的才华感到惊异,称赞他所写的书稿确是一部奇作,下令立即释放,并加以劝慰。明帝赞赏班固的志向,器重他的才能,立即召他到京都皇家校书部供职,拜为"兰台令史",这为他编纂汉史奠定了良好的条件。但终其一生,班固并没有修完《汉书》,后来,由其妹妹班昭续写而成。

班固虽然学问渊博,贯通百家,但经学并非其所长,所以在白虎观会议上,汉章帝命令班固主司记录、整理今古文经学家之间的争论,最后由他将会议记录整理成《白虎通义》。

淳于恭,字孟孙,北海淳于(今山东安丘)人,擅长《老子》,清静不慕虚名。家中的山田果树,如果有人去偷吃,他不但不责怪,反而送给偷吃的人一些。如果看到有人在偷他家的禾苗,淳于恭为了不伤人自尊,就躲在草丛里装作没看见,等偷禾苗的人离开才出来。于是,乡里的人都受到了他的感化。

王莽末年,战火连连,强盗四起,淳于恭的哥哥淳于崇被强盗所掳，淳于恭主动要求用自己来代替哥哥，强盗被他感动，释放了他们兄弟二人。淳于崇去世后，淳于恭独自育养家里的孤幼，并教他们学问。如果他们有人犯错，淳于恭就杖打自己自责，以此来感悟他们，孩子们都因惭愧内疚而改过。

在汉末战乱中，强盗也经常洗劫村庄，百姓们都不愿从事农业生产。淳于恭常常一个人在田里干活，乡里的人劝他道："现在兵荒马乱，生死难卜，何必要如此辛苦地耕作呢？"淳于恭答道："即使我死了，得不到这些粮食，其他人也可以得到啊。"于是继续勤耕不辍，收获颇丰。后州郡连连征召，淳于恭皆不回应，隐居在山泽中。东汉立国后，州郡、司空推举其为官，但他都拒绝，继续隐居。

建初元年（76年），汉章帝下诏称赞淳于恭的美德善行，让郡府赐淳于恭二十匹帛，用公车将他拉到洛阳，封为议郎。此后经常召见淳于恭，与他谈论政事，又升他为中骑都尉，礼待甚优。淳于恭所推荐的名贤，汉章帝无不征用。他与汉章帝所谈之言，也未尝不被称善。

在白虎观会议中，虽然淳于恭不是经学家，但汉章帝仍然让他参加会议，并且将每天会议上经学家所议的内容转奏给汉章帝。

大会的仲裁者是汉章帝。汉章帝经学素养颇为深厚，他曾经跟桓郁、张酺学习《欧阳尚书》，跟魏应学习《鲁诗》，跟召驯学习《韩诗》，跟贾逵学习《古文尚书》、《左传》。汉章帝的老师，包括了今、古文经学的名师。所以汉章帝在白虎观会议上作为最后的仲裁者，并不仅仅是利用自己的皇帝身份，根据自己的喜好作出判断，而首先在于他是一位通经之儒，完全有资格参加高层次的经学讨论会。同时，如果汉章帝个人没有专业素养及学术兴趣，像这样"连月乃罢"的马拉松式的学术会议，他都自始至终地坚持下去，那是难以想象的。

此外，参加会议的还有汉明帝之子广平王刘羡，学者成封、召驯等，共有数十人，会议长达43天之久。会议的过程已经无法得知，但《后汉书》记载，参加的知名学者中，今文经学者占优，他们是讲《鲁诗》的鲁恭，讲《欧阳尚书》的丁鸿、桓郁，讲《公羊传》的李育，讲《公羊严氏传》的楼望，而讲古文经的知名学者只有贾逵一人，今文经学者人数明显占优。从争论的效果来看，今文经学者丁鸿被称为"殿中无双丁孝公"，李育在与贾逵的辩论中也是大占上风，所以此次大会今文经学取得了胜利。根据会议争论记录整理的《白虎通义》也反映了这种情况，在此书中今文经学的观点占了绝大部分。

《白虎通义》中今文经学占优

白虎观会议后，汉章帝命令班固将今、古文经学会通的论点编纂成《白虎通德论》，又称《白虎通义》或《白虎通》。在白虎观会议中占支配地位的是今文经学，所以这次会议形成的结论也是以今文经学为基础，是今文经学的总结和集成。当然，古文经学的一些观点也被认可，并纳入了《白虎通义》中。

《白虎通义》共分44篇（今存43篇，陈立辑有阙文1篇），对四十三大经学主题一一作了阐发。在具体讨论时，《白虎通义》又将四十三大问题分解为若干问题逐一论述。如在第一主题"爵"的名下就又分出10个小问题：（1）天子为爵称；（2）制爵五等、三等之异；（3）天子诸侯之爵称之异；（4）王者太子称士；（5）妇人无爵；（6）庶人称匹夫；（7）爵人于朝、封诸侯于庙；（8）追赠爵；（9）诸侯袭爵；（10）天子即位改元。《白虎通义》的44篇又分了314个独立的小问题。

《白虎通义》还引用许多纬书，这也反映了西汉末年以来，对谶纬的推崇也是当时解经的一个特点。据统计，《白虎通义》各篇引用纬书的总计33条，另外还有一些地方虽采纬书之说，却没有标明出处，这也占一个不小的比例。

《白虎通义》非常注重天人合一和阴阳五行，这是今文经学的主要风格。用天道和阴阳五行来推演人道，在《白虎通义》中比比皆是。在论述王的时候，《白虎通义》说道："王者，必一质一文何？以承天地，顺阴阳。阳之道极则阴道受，阴之道极则阳道受，明二阴二阳不能相继也。质法天、文法地而已，故天为质，地受而化之，养而成之，故为文。《尚书大传》曰：'王者一质一文，据天地之道。'《礼三正记》曰：'质法天，文法地也。'帝王始起，先质后文者，顺天下之道、本末之义、先后之序也。事莫不先有质性，乃后有文章也。"

五 「经神」对抗「学海」

东汉后期,古文经学已经全面压倒了今文经学,但今文经学不甘心就此认输,还要作最后一搏,这就是郑玄和何休的争论。

1. 古文经学压倒今文经学

虽然在白虎观会议上古文经学没有占上风,但是古文经学的发展已经不可遏制,官方的继续支持与今文经学自身的衰落,导致了古文经学在东汉后期逐渐压倒今文经学。

古文经学持续发展

白虎观会议后,汉章帝对古文经学仍然感兴趣,令贾逵撰写《欧阳尚书》、《大夏侯尚书》、《小夏侯尚书》与《古文尚书》的异同。贾逵撰写了三卷,章帝很满意,又令他撰写《齐诗》、《鲁诗》、《韩诗》与《毛诗》的异同,并为《周官》解诂。建初八年(83年),汉章帝下令,古文经师从太学中选择一些高才生学习《左传》、《穀梁春秋》、《古文尚书》、《毛诗》。从此,古文经学日益兴盛,逐渐压倒了今文经学。

古文经学发展,离不开学术大师的出现,在东汉,著名的经学大师大多是古文经学的学者。从东汉初期,古文经学就出现了这种强劲的发展势头,古文经学大师辈出。东汉早期古文经学大师有桓谭、郑兴、尹敏等。

桓谭（约前20～56年），字君山，沛国相（今安徽濉溪西北）人，爱好音律，善鼓琴，博学多闻，遍习五经，尤其喜欢古文经学，常常与刘歆、扬雄等一起辨析疑义。桓谭极力反对谶纬，曾给光武帝上书，力陈谶纬的荒谬，引起了靠谶纬起家的光武帝的不满。不久，光武帝下诏令臣下议论修建灵台，他故意对桓谭说："我要用谶纬来决定修灵台的事，你认为怎么样？"桓谭沉默许久，才说："臣不读谶纬。"光武帝问其原因，桓谭又慷慨激昂地抨击谶纬的荒谬不经。光武帝本意是让桓谭改变主张，顺从自己，不料桓谭变本加厉地攻击谶纬，当下勃然大怒道："桓谭非圣无法，拉下去斩首！"桓谭磕头良久，才免于一死，不久即被贬出朝廷，病死于途中。

郑兴，字少赣，河南开封人。郑兴雅好古文经学，尤其精通《左传》和《周官》，东汉学习《左氏传》的人多拜他为师，与贾逵并称。在汉末农民战争中郑兴追随刘玄。刘玄称帝后，定都洛阳。他想迁都长安，但绿林军的许多将领不愿迁都，刘玄犹豫不决。此时，郑兴用《左传》劝刘玄迁都，他说道："陛下自南阳起兵，并没有多少兵马，但当你建立政权后，长安关中的豪杰争相助你诛灭王莽，打开城门迎接你，为什么呢？是因为天下人痛恨王莽的暴政，思念汉高祖的旧德。如果你现在不去安抚长安关中的百姓，我担心百姓离心，有人再次造反。《春秋》说道'齐小白入齐'，《春秋》为什么不说'齐桓公回到齐国'，是因为齐桓公刚刚回国，并没有到宗庙向祖先告白，所以只能称名字，而不称爵位。因此，你应该迁都长安，安定国本，否则，洛阳恐将失守。"刘玄听后，决定迁都。

尹敏，字幼季，南阳堵阳（今河南方城东）人，起初学习《欧阳尚书》，后学习《古文尚书》，并兼修《毛诗》、《穀梁传》和《左传》。

东汉初为郎中。光武帝知道尹敏精通经学,就让他校正图谶。尹敏说:"谶纬之书非圣人所作,其中许多文字浅薄错误,就是一些世俗之词,颁布天下恐怕耽误后学,不如将其删除。"光武帝没有接受,坚持让他校正图谶。尹敏见光武帝执迷不悟,便欲用事实让光武帝感悟,就在图谶的空缺处填写了几个字:"君无口,为汉辅。"光武帝见了非常奇怪,便召见尹敏,问他是怎么回事。尹敏答道:"我见前人造谶纬,我也不自量力,就写了这几个字。"光武帝气得把他大骂一通,虽然没有治他的罪,但也疏远了他,再没有重用过他。

到东汉中后期,著名的经学大家大都是古文经学家。除贾逵外,还有马融、许慎、服虔、荀爽、卢植等。

马融(79~166年),字季长,扶风茂陵(今陕西兴平东北)人。马融相貌俊美,才华出众。跟随名儒挚恂学习经学。挚恂精通儒学,隐居在南山,以教学为生,朝廷闻其学问深厚,屡次征其为官,都被他拒绝。挚恂非常看好马融的才华,就将自己的女儿嫁给了他。

马融在政治上并不如意,汉安帝时任校书郎,因得罪邓太后被禁锢在东观十年,读书、著述,直到邓太后去世,才复出。好不容易升为南郡太守,又因为外戚大将军梁冀的弹劾,被罢官流放。被赦免回到洛阳后,再次被封为议郎,又在东观著述,直至病逝。

马融虽然当官不顺,但他的经学成就却极大。他注释过《孝经》、《论语》、《毛诗》、《易》、《三礼》、《尚书》等儒家经典,还注释过《列女传》、《老子》、《淮南子》、《离骚》等其他学派的典籍。马融打算注释《左传》,但他研究了贾逵和郑众的注释后,叹道:"贾君精而不博,郑君博而不精。既精既博,吾何加焉!"放弃了注释《左传》的打算,最后作了《三传异同说》,对《穀梁传》、《公羊传》和《左传》作了比较研究。这样,马融完成了对五经的研究。

马融才高学深,是当时著名的"通儒",门下学生常常达1000多人。马融不仅精通经学,还喜欢音乐,善于鼓琴,喜欢吹笛子,生性旷达,不拘于儒者之礼。他在教授学生时坐在高堂之上,设一道纱帐,前面教学生,后面让女子乐队弹奏。虽然门徒众多,但他亲自教授的学生并不多。他只教授几个大弟子,然后让他们再教其他的学生,其中著名的弟子有卢植和郑玄。

卢植,字子干,涿县(今河北涿州)人,身材高大,声若洪钟,一表人才。少年时辗转千里投入马融门下,初次见面,卢植就给马融留下了良好的影响,不久就让他登堂入室,亲自聆听马融讲学,然后再传授给其他没有登堂入室的弟子。马融前台教学,后台是女子乐队的弹奏,卢植受学多年,从来没有正眼看过马融的女子乐队,这让马融也非常敬佩。学成归乡后,卢植也开始收徒讲学。

卢植性情刚毅,大节不屈,心怀经邦济世之志。他不好作诗写赋,善于饮酒。当时,汉桓帝去世,没有子嗣,皇太后和她的父亲大将军窦武立11岁的刘宏为汉灵帝。窦武把持朝政,欲大封外戚。卢植虽是一介平民,仍上书窦武,用《诗》、《书》、《春秋》大义规劝窦武要强干弱枝叶,加强皇室权威,而不是大肆分封外戚。窦武不听。州郡多次征召其为官,卢植都不答应。几年后,朝廷征他为博士,才开始为官。

熹平四年(175年),九江少数民族造反,大将军、太尉、司徒、司空都觉得卢植文武双全,就推举他为九江太

卢植
卢植师从马融,而他的弟子也有不少名人,刘备、公孙瓒都在他的门下

守。卢植上任后,治理有方,政治清明,少数民族都诚服,造反自动平息。不久,卢植生病,辞官回家修养。

此时,著名学者蔡邕、堂溪典、杨赐、马日䃅等人筹划制作熹平石经,所选的文本都是今文经学。卢植上书为古文经学辩护,认为应该为《毛诗》、《左氏》、《周礼》设立博士,立其为官学。

卢植说道,他少年时跟随马融学习古文经学,知道今文经《礼记》烦琐重复,不如《周礼》简洁易行。他和别人几十年来,对《周礼》作了系统的研究,并考订了《礼记》的得失。古文经,虽然原来是蝌蚪文,但其内容平实易行,武帝设立经学博士以来,古文经学一直被今文经学压制,地位低下。但东汉以来,著名的儒家学者,都是古文经学出身,如班固、贾逵、郑兴父子等。现在《毛诗》、《左传》、《周礼》各有传记,与《春秋》共相表里,应该设置博士,立为官学,让后来的学者理解圣人之意。

但是,卢植的建议并没有被采纳,而熹平石经也仍然以今文经为底本:《易》、《书》、《礼》三经校记不存,无可考;《诗》用鲁本,有齐、韩两家异字;《公羊传》用严氏本,有颜氏异字;《论语》用鲁本,有盍、毛、包、周诸家异字。

许慎,字叔重,汝南召陵(今河南漯河市召陵区)人。天性淳朴忠厚,拜贾逵为师。年轻时就精通经学,马融对他的学问非常推崇,常常对人说:"五经无双许叔重。"当时,今文经学与古文经学争论激烈,他就写了一部《五经异义》,对五经的不同作了研究,可惜这部书没有存留下来。

许慎最大的成就是完成了我国第一部按部首编排的字典——《说文解字》,因此他也被称为"字圣"。《说文解字》不仅是一部字典,也是研究经学的重要文献。

熹平石经残石拓片

现藏于河南洛阳博物馆。汉灵帝熹平四年(175年),蔡邕提议"正定五经文字",获批后亲自以隶书书写在石碑上,使工匠镌刻。于光和六年(183年)完成,竖立于太学门外,轰动一时,每天观看与临摹者络绎不绝。可惜仅过7年,董卓烧毁洛阳宫城,石经也遭到严重摧残,只留下一些残片

就在古文经学大师辈出时，今文经学却由于种种原因逐渐衰败。

今文经学衰败

东汉自章帝以后，出现了一批娃娃皇帝，由外戚和宦官交替把持朝政，政治腐败，民不聊生，少数民族的叛乱和农民起义风起云涌。在这种情况下，占据了汉代统治思想宝座200多年的官方正宗学术今文经学也随着政治走向衰亡。

党锢之祸给今文经学以沉重打击。东汉桓帝、灵帝时，宦官专权，世家大族李膺等联结太学生抨击朝政。延熹九年（166年），宦官将李膺等逮捕，后虽释放，但终身不许做官。这是第一次党锢之祸。

灵帝时，外戚解除党禁，欲诛灭宦官，事泄未成。宦官于建宁二年（169年）将李膺等百余人下狱处死，并陆续囚禁、流放、处死数百人。后灵帝在宦官挟持下下令凡"党人"的门生故吏、父子兄弟，都免官禁锢。这是第二次党锢之祸。党锢之祸以宦官诛杀士大夫一党几尽而结束，但已伤及汉朝根本，为黄巾之乱和汉朝的最终灭亡埋下伏笔。

因为士大夫多经学出身，与太学生有着密切的联系，所以太学也成为反对外戚、尤其是宦官斗争中，社会上议论朝政的中心。在党锢之祸中，太学生或被杀或被禁，经学受到极大的破坏，而

李膺

李膺（110～169年），字元礼，颍川襄城（今属河南）人，经学出身。"天下模楷李元礼。"他是天下学人的榜样，也是东汉末世经学命运的代表

太学是今文经学的大本营,所以今文经学遭受重创,一蹶不振。

在政治黑暗的影响下,太学的学风日下,博士不讲,弟子不学,浮夸之风盛行。有个清官叫仇览,当年在太学学习时,学生们不务学业,整日饮酒作乐,只有仇览一人在学习,可见当时的学风之差。

皇帝年幼无知,把持朝政的宦官和外戚忙于政治斗争,更兼党锢之祸对太学生的镇压,太学校舍颓废。东汉初年,光武帝重新修建太学,吸引了大批的学生,甚至连匈奴的子弟也来太学学习。皇帝也经常去太学讲学,听者云集,一派繁荣的景象,但汉安帝之后,太学校舍年久失修,墙毁垣塌,野草丛生,成为牧童樵夫放牧砍柴的荒园。

今文经学越来越烦琐。今文经学发展的基本是形式章句,而章句之学又有严格的家法和师法。一方面,家法和师法造成了汉代今文经学的门户之分,各个学派的学者各执师说,互不相让,难以融通,阻碍了今文经学自身的发展。另一方面,经生对师说大加润饰和阐发,使得今文经章句之学越来越烦琐芜杂、支离破碎。师法和家法本来是让学生理解经文的,但烦琐的章句,却使学生离经文的原意越来越远。

班固对今文经学的这种烦琐作了批评,他说:"在以前,学者一边耕地劳作,一边学习五经,三年学通一经。经文只是他们理解圣人之意的工具,然后按照圣人之意行事,所以虽然读经不多,但人的修为却高,到三十时能通晓五经,按经学的要求为人处世。后世对经书的章句之说,本来就已经偏离了经文,学者只知道学习章句而不掌握经文大义,而且不断地增加章句,有时候五个字的经文,却用了两三万的字来解释,所以现在许多人自幼童学习一经,直到头发花白才能学通一经章句,而对于经文大义,依然不甚了了。"

当今文经学被立为官学后,就与统治者息息相关了,当统治者支持时就兴盛,当统治者冷落时就衰败。汉灵帝虽然昏聩无能,但有才艺，喜好文学，经常召见一些善于写诗作赋的太学生。当时宦官专权，他们虽然在政治上得势，但是舆论上却失势。为了改变这种情况，宦官利用汉灵帝的喜好，设立鸿都门学，培养自己的知识分子，来对抗士族官僚集团势力。

鸿都门学创建于东汉灵帝光和元年（178年）二月，因校址设在洛阳鸿都门而得名。学生皆由州、郡、三公荐举能为尺牍、辞赋，及工书鸟篆者，经过考试，合格方得入学。鸿都门学以尺牍、小说、辞赋、字画为主要学习内容。尺牍，是古代书信的名称，由于当时的书信都刻到简牍上，规格为一尺一寸，所以称尺牍、尺翰、尺简、尺牒等。原来是一种实用文体，使用广泛，有一定的书写格式，包括章、奏、表、驳、书等类。至汉代，尺牍中已有不少精彩散文。所以，学习尺牍，既有实用性，又有文学性。鸿都门学所学的小说，不同于今天的小说，只是它的前身，诸如神话传说、街谈巷语、志怪志人之作等。总之，鸿都门学以学习文学、艺术为主，完全不同于学习儒家经典的太学。鸿都门学的学生，大多是没有士族身份的地主及其子弟，他们以文艺见长而受灵帝的宠信，出路十分优厚，出则为刺史、太守等地方大员，入则为尚书、侍中等朝廷重臣。

鸿都门学的设置引起了士族官僚的反对，说明了它在官员的选拔上对今文经学冲击非常大，这对今文经学的衰败起了加速作用。

2."学海"何休的发难和"经神"郑玄的应对

虽然今文经学已经衰败,但它几百年的学术积淀还在,今文经学并不甘心自己的失败,今文经学大师何休就重振旗鼓,作了最后一搏。

何休精心制作"秘密武器"发难

何休(128～182年),字邵公,任城樊(今山东兖州西南)人。何休为人质朴,不善表达,但是聪明好学,精通六经,当时儒生没有几个能比得上他。

何休的父亲曾经在朝廷当官,他因此而被封为郎中。不久他就假装有病,辞官回家。何休辞官,并非不问世事,相反,他对现实极为关注。但是,当时宦官专权,政治黑暗,他不甘与宦官为伍,便辞官回家。辞官后的何休对当时宦官专权、政治黑暗的局面极为担忧,强烈渴望将自己的才智贡献于社会,实现儒家学者"治国平天下"的政治理想。所以后来学界领袖太傅陈蕃征他为官时,他毅然出山,入朝参与政事。

陈蕃与宦官争斗失败后,宦官施行"党锢",何休因为是陈蕃的故吏也被罢官回家。

何休被禁锢在家,但他的思想却无法被禁锢,面对汉末的黑暗现实,他将目光投向了《春秋公羊传》。孟子说:"世衰道微,邪说暴行有作,臣弑其君者有之,子弑其父者有之。孔子惧,作《春秋》。"类似的情景在汉末再次出现。何休知道自己可能被禁锢一生,再没有机会实现自己的政治抱负,此时,他深深体会到孔子当时的那种心情,油然而生一种沉重的责任感。于是全力以赴著书立说,要像孔子一样,为后世立法,希望能有后圣实现他的政治理想。

何休研究《公羊传》时,发现公羊学自身存在着很大的问题。他以当时流行的颜氏公羊学和严氏公羊学为例,分析了公羊学的缺点:这两家的公羊学,已经远离了《春秋》经的原意,对经文进行任意的解释,甚至不少地方与经文原意相反;章句烦琐,严氏和颜氏的章句多达上百万字,如此多的章句,给学者带来了巨大的麻烦,也使《春秋》经文原意更加不明。所以何休要弥补公羊学的不足,使其成为新的有生命力的学问。

何休精心研究公羊学,还是由于受到了古文经学的严重挑战。古文经学的发展壮大与公羊学自身的缺陷,让公羊学频频受到古文经学家的发难,而公羊学家则无力应对这种不利局面。何休叹息道:"由于公羊学的衰败,致使贾逵发难,认为《公羊传》可夺,《左传》可兴,真是令人惋惜。"何休恨公羊学者不明《公羊传》大义,又不能应对《左传》学者的进攻,决心要整顿和振兴公羊学,从而反击古文经学家,维护公羊学的正统地位。

何休被罢官回家后,将所有的心思都放在公羊学上,心无旁骛,专心致志地做学问。他两耳不闻窗外事,一心只读《公羊传》,17年足不出户、废寝忘食,终于完成了皇皇巨著《春秋公羊解诂》,作为重振公羊学和对付《左传》、《穀梁传》的秘密武器。

以《春秋公羊解诂》为基础,何休还作了《公羊墨守》、《左氏膏肓》、《穀梁废疾》,来为《公羊传》辩护,驳斥《左传》和《穀梁传》,想要彻底驳倒它们。《公羊墨守》意思是说《公羊传》如同墨子守城一样牢不可破、无懈可击;而《左氏膏肓》意思是说《左传》像一个病入膏肓、无药可救的人一样;《穀梁废疾》意思是说《穀梁传》就像一个残疾的人一样,存在着重大的(理论)缺陷。因为何休的《春秋公羊解诂》内涵丰富、体系完整,又与郑玄持续论战,被当时的人称为"学海",反映了他学识的渊博。

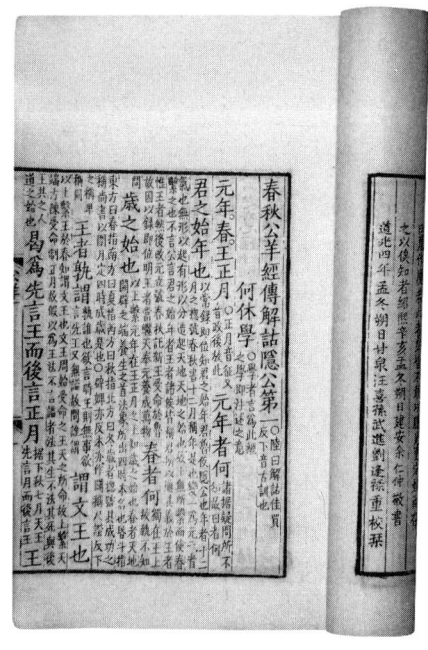

《春秋公羊解诂》
何休的代表作,也是汉代公羊学的巅峰之作,被收入《十三经注疏》

"经神"郑玄入室操戈

面对何休为代表的今文经学强有力的进攻,郑玄站在古文经学的立场上,与何休论战,维护古文经学的强势地位。

郑玄,字康成,北海高密(今属山东)人。郑玄出生时,曾经强盛的汉王朝已是夕阳西下、破败不堪了。边境上,西部羌人、北部的鲜卑族开始劫掠边民;朝廷上,小皇帝们则是外戚、宦官弄权的棋子;日食、地震、火灾、旱灾接连发生,在灾异观念盛行的当时,这足以引起人们的惶恐。内忧外患、天灾人祸都预示着天下即将发生大变。

郑玄生于这样一个时代,注定了他曲折艰辛的一生。郑玄出生在一个平民家庭,因为他后来的名气,人们总喜欢追溯其祖先中的不凡之辈来证明他本人的血统很高贵,所以有人就证明他的祖先是孔子的弟子,这个不大可信。

平民出身的郑玄,赶上的是一个乱世,从小又没有出将入相的鸿鹄之志,只愿做一个书生,十一二岁时就常在众人面前表现得内向、害羞。他的母亲劝导他,要像别的孩子那样穿得漂亮些、表现活泼一些,但他却说:"这不是我想要的。"

那郑玄想要的是什么呢?是读书!13岁时,郑玄就开始诵读五经,他还喜欢天文、占候、风角、隐身术等一些当时的"高人"才具备的知识和能力。16岁时,郑玄就是当地有名的"神童",文章写得令人

郑玄

郑玄(127~200年),字康成,北海高密(今属山东)人,少年时遍访名师,终成一代宗师。郑玄遍注群经,他的学说被称为"郑学",汉魏之际流传天下

叫绝。17岁时因料事如神而为人赞叹：一日，郑玄在家读书，突然狂风大作，郑玄料定晚上会有大火发生，就上书县令，说晚上将有火灾，要他们祭祀火神，并准备好灭火的东西。晚上果然起火，但因为准备周全，没有造成人员财产的伤害。

当郑玄十八九岁时，开始在乡里做小差役，但他不安心做事，经常抽空跑到学校里读书，家境又不富裕，为此他父亲经常责骂他。但是一位地方官杜密却慧眼识英才，当即召他到郡府工作，并派他到外地学习。于是在此后10多年的时间里，郑玄先到洛阳太学学习，又到各地拜"在位通人"、"隐逸大儒"为师。郑玄这10多年在全国各地的详细游学情形已经不能尽知，只知道当时在太行山以东的地区，已经没有什么人值得他学习，便向西而行，拜入西州大儒马融门下，这是他游学的最后一站。

马融门生众多，他只教一些资历深的学生，其他学生由这些资历深的学生教授。郑玄在马融门下，三年没有见过他的面。但是，郑玄并没有气馁，而是夜以继日地学习，基本掌握了马融的学问。有一次，马融召集资深弟子研究图纬，涉及天文历算的问题，遇到了困难，有学生说郑玄善于天文历算，就召他到高堂上一起讨论。郑玄借此机会，向马融讨教了一些心中的疑惑，马融意识到郑玄的学问已超过了自己。所以当郑玄向马融辞别时，马融怅然若失地对门人说："郑生今去，吾道东矣。"就是说他的学术将会被郑玄带到东方，然后在东方发扬光大，事实也果然如此。

返回山东后不久，郑玄即受党锢之祸的牵连，便在家中教徒授学、著书立说。党锢解除后，虽然朝廷屡次征他入朝为官，但都被他拒绝，依然致力于教授学生和著书立说。他所教的学生，遍布全国，多达数千人，他也成为中国古代著名的教育家之一。而郑玄在学术上的成就更大,他融合今、古文经学,遍注群经,形成了经学的"小统一",他的学说也被称为"郑学"。郑学也成为汉末的显学,曹魏时将郑学立为官学。郑玄的注疏也被后来的学者所尊崇,现在流传的《十三经注疏》中有四部就是采用了郑玄的注疏,是被采用最多的学者。因为他的成就巨大,所以被当时的人称为"经神"。

郑玄从陕西回来后,看到了何休对古文经学的挑战,他奋起抗争,给予反驳。对于何休的《公羊墨守》、《左氏膏肓》、《穀梁废疾》,郑玄针锋相对,作了《发公羊墨守》、《箴左氏膏肓》、《起穀梁废疾》,对何休的观点作了一一驳斥。何休见到郑玄之书后,也不得不佩服郑玄的学问,叹道:"康成入吾室,操吾矛,以伐我乎!"就是说郑玄用我的方法,来攻击我的理论。自此之后,古文经彻底压倒今文经,今、古文经学也融合发展。

献帝建安五年(200年),郑玄已经74岁了,饱经沧桑,身体常觉不适。这年春天,他梦见孔子对他说:"起、起,今年岁在辰,来年岁在巳。"郑玄醒来后认为自己将不久于人世了。这一年,袁绍与曹操的大军在官渡(今河南中牟东)会战。袁绍为壮声势,争取民心和士望,叫袁谭逼迫郑玄随军,郑玄无奈,只好抱病而行。走到元城(今河北大名),病势加重,不能再走了,同年六月病逝于该地。一代宗师,走完了他坎坷又辉煌的一生。

3. 对抗二三事

何休的《公羊墨守》、《左氏膏肓》、《穀梁废疾》与郑玄的《发公羊墨守》、《箴左氏膏肓》、《起穀梁废疾》已经佚失,从现存的一些残篇,我们可以窥视他们的争论。

"作三军"是尊公室还是卑公室

《春秋·襄公十一年》记载:"十有一年春王正月,作三军。"这是指鲁国季氏立三军而三分公室。何休《左氏膏肓》说:"《左传》说季氏、孟氏、叔孙氏三桓设立三军是为了尊公室。但是我以为这是消弱鲁国王室的力量,是卑公室,所以《左传》比《公羊传》差。"

郑玄在《箴左氏膏肓》中反驳说:"《左传》只是详细地记述了三桓如何设立三军的过程,并没有说这就是尊公室。《左传》说到'作三军,三分公室各有其一'。意思就是说季氏、孟氏、叔孙氏三家家臣开始设立军队,这明明就是卑公室。说《左传》尊公室,那是何休不了解《左传》的意义。"郑玄通过对《左传》的解释,驳斥了何休的指责，很明显，郑玄的论述更有说服力，也符合三桓分鲁的历史事实。

如何理解"三月"

《春秋·隐公元年》记载："秋七月，天王使宰咺来归惠公、仲子之赗。"《左传》对这句的解释是："天子七月而葬，同轨毕至；诸侯五月，同盟至；大夫三月，同位至；士逾月，外姻至。"

何休《左氏膏肓》批驳"士逾月"云："证，士三月葬，今云逾月，《左氏》属短。"何休认为逾月不合三月葬之礼。

据郑玄反驳的：《左传》的"逾月"，其实就是三月，所谓"大夫殡葬皆数来日来月，士殡葬皆数往日往月"，数来日来月，即合死月、此月计，而数往日往月则不合死月、此月，故前者的"三月"即后者的"逾月"。

王位需不需要用占卜来继承

《左传·昭公二十六年》记载："以前先王之命说：'如果王后没有嫡子，就在庶子里面选择年长的继承王位。如果年纪一样，就立品德好的王子继位。如果年纪一样，道德也一样，那就用占卜来决定谁继承王位。'国王不能立自己喜欢的儿子继承君位，大夫不能立自己喜欢的儿子继承卿位，这是古代留下来的制度。"

何休在他的《左氏膏肓》中批评道："按照《春秋》的大义，夏、商、周三代继承君位的制度不同，用正妻和嫔妃来区别地位的贵贱，用侄娣以辨血缘的亲疏，继承君位按照'立长不立贤'和'以贵不以长'

的原则。如果王后没有嫡子，就要尊敬她，但并不是说王后没有嫡子就用占卜的方法来选择继承者。在庶子里面立长不立贤，因为什么是贤难以判断，为了避免嫌疑，防止别的庶子抱怨和觊觎王位，就立长子而不是立贤德的王子。现在《左传》却说，年纪相当就立贤德的人，贤德一样就用占卜来决定，如果君主贤德，下属必定顺从，何必又来占卜呢？鲁桓公谋杀了鲁隐公，就是由于不立长子引起的，把这个说成是古代留下的制度，不是很荒谬吗？"

郑玄反驳道："如果有嫡长子，当然要立嫡长子；如果没有嫡长子，有其他地位高的王子，就要立地位高的王子。但是如果年纪一样，地位尊贵一样，立哪一个好呢？这时候就要用占卜，让上天来决定谁继承大业。按照古代礼制，有按照尊卑、长幼立君的，也有根据占卜来立君的，所以有通过占卜来确立君位的制度。"

小知识◎《礼经》

"礼"是夏、商、周三代贵族教育子弟的重要内容。其起源和核心一般认为是尊祖与祭祖，以后逐渐扩大化、系统化、规范化和制度化。孔子对礼极为重视，对礼作了修订，并用它来教育弟子。秦时焚书，《礼》也遭到极大的破坏，汉初只有高堂生所传的今文经学《礼》（也称为《士礼》）在流传，后被尊称为《礼经》，东晋时又被称为《仪礼》。《礼记》是对《礼》的解释说明，由戴德和戴圣编订而成，称为《大戴礼记》和《小戴礼记》，属于今文经学，但有些篇章来自古文经学的《逸礼》。《周礼》也叫《周官》，由刘歆从秘府发掘出来，传言由周公所作，属于古文经学。自郑玄并注《周礼》、《仪礼》和《礼记》之后，"三礼"之名开始流行于世。

六 通学下的今、古文经学之辩

自东汉中期以来,今文经学和古文经学虽然仍在争论,但双方也不断地学习,最终走向了融合。郑玄就是今、古文经学融合的集大成者,他的经学后世称之为"郑学",通学是其特征。自郑玄之后,郑学为天下学者所宗,直到另一位通学大师王肃出现。王肃遍注群经,与郑学展开激烈的交锋,这是今、古文经学在通学下的争论,是不同于以往的争论。

1. 王肃遍注群经反郑玄

王肃是继郑玄之后又一位经学大家。他和郑玄一样,遍注群经,其学说被称为"王学",与"郑学"展开了激烈的争论。

王肃注经

王肃(195~256年),字子雍,曹魏东海郡郯县(今山东郯城西南)人。王肃出生时,郑玄已经60多岁,在战乱中颠沛流离,但仍然笔耕不辍。

王肃是北方人,出生在江南。他的父亲王朗,当时官居会稽太守,所以王肃出生在会稽。王朗在会稽只做了4年太守,就被江南人小霸王孙策打得落花流水,四处逃跑,太守位子也被人夺去,最后投降了孙策。建安三年(198年),曹操表征王

王肃

王肃和郑玄一样遍注群经,魏晋时他的学说也被立为官学,与郑学分庭抗礼,是郑玄真正的对手

六 通学下的今、古文经学之辩 | 87

朗，孙策把他放了。在曹魏政权中，王朗官历谏议大夫参司空军事、军祭酒领魏郡太守、大理、御史大夫、司空、司徒等。

我们不知道王朗入官曹魏之前，年幼的王肃是随军辗转还是寄居别处，这位后来一度在学术上影响很大、官职很高的人物，不知什么原因，在历史上留下的关于身世的文献资料，比一介布衣郑玄还要少。我们只知道他在18岁时，也就是建安十七年（212年），跟随曾在刘表门下做官、当时已经投奔曹操的宋忠研读扬雄的《周易》仿制品《太玄》，还给《太玄》作了注解。这一年曹操基本上统一了北方，已经可以"剑履上殿"。他的父亲王朗在"位望颇重"的谏议大夫参司空军事的职位上已有些年月了。

魏国正式立国后，王肃官任散骑黄门侍郎，后来又做散骑常侍，领秘书监，兼崇文观祭酒、太常等职，封兰陵侯，嘉平年间（249～253年）曾为大将军司马师的幕僚。甘露元年（256年），在自己的女婿、路人皆知其篡魏之心的司马昭受衮冕之服时，王肃去世了。

王肃为官时，在政治上他站在司马氏一边，与曹氏为敌；在学术上他受其父王朗和荆州学派的影响，与曹氏所立的官学郑学为敌。司马氏立朝后王学成为西晋的官方学说。

王肃的学术渊源除早年受宋忠的影响外，真正的来源有两个：一个是他的父亲王朗的家学，另一个是贾逵、马融的古文经学。就家学而言，王朗是汉魏之际一位有影响的经学家，他作过《易》、《春秋》、《孝经》、《周官》的传记。王朗遍注群经，尤其精通《周易》。他所作的《周易》传记，经王肃编订，在西晋被立为官学。王朗曾师从杨赐，而杨赐世传《欧阳尚书》，《欧阳尚书》又可以上溯到西汉初年的今文经学家伏生，所以，王肃曾学习研究过今文经学。

王肃早年曾学习郑学，但后来经过认真的思考，发现郑学的注释并不是很准确，有些地方错误还很多，于是进一步研究郑玄之前的马融和贾逵之学。贾逵和马融都是古文经学家，所以王肃也和郑玄一样，是兼通今文经学和古文经学的通学之人。

王肃力驳郑玄

王肃学问越深，越觉得郑玄之学有问题，于是也遍注群经，以反对郑玄为志。今、古文经学之争，也就变为了王学和郑学之争。

王肃反驳郑玄，首先从字义训诂方面入手，所用的方法是：郑玄用今文经学，他则用古文经学反对；郑玄用古文经学，他则用今文经学反对。

《诗经·小雅·车舝》有"觏尔新昏，以慰我心"一句，古文经学《毛诗》以为："慰，安也。"郑玄据此解为："我得见女之新婚如是，则以慰除我心之忧也。"王肃却不用古文经学，而用今文经学《韩诗》，将"慰"改为"愠"，以为怨恨之意。如此一来，全句的意思就完全相反："我得见女之新婚如是，则心生怨恨也。"这是王肃用今文经学反对郑玄的古文经学的例子。

《诗经·大雅·生民》曰："厥初生民，时维姜嫄。生民如何？克禋克祀，以弗无子。履帝武敏歆，攸介攸止，载震载夙。载生载育，时维后稷。"郑玄用今文经学《鲁诗》、《韩诗》和《齐诗》来解释：姜嫄在城郊祭祀时，发现地上有个大神的脚印，姜嫄很好奇，就将自己的脚放在这个大脚印里，但是她的脚很小，根本不能覆盖地上的大脚印。姜嫄就把脚放在了大脚印的大拇指里，突然心里有一种奇异感觉，如同有人附身一样。于是就有了身孕，后来生下了一个男孩，这就是弃。王肃则用古文经学《毛诗》来解释，认为姜嫄乃帝喾之上妃，后稷为帝喾之子，并非无父感神灵而生，从而反对郑玄的感生说。他解释道：帝喾有4个妃子，姜嫄是上妃，生后稷。姜嫄生后稷时，帝喾已经去世10个月了，后稷是帝喾的遗腹子。但是，因为姜嫄寡居而生子，被众人所疑，又无法向众人说明，更兼之后稷从小就与众不同，就说是因感神灵而生，来为自己辩护。

为了集中力量反对郑玄，王肃又作了《圣证录》一书，可惜这本书已经失传，只有一些零碎的材料保留在其他文献中。从这些材料中，也能看到二者之间的一些争论。《尚书·尧典》有"禋于六宗"一句，意思是说尧祭祀六宗，但"六宗"指的是什么，郑玄和王肃的答案各不相同。郑玄认为"六宗"是星、辰、司中、司命、风师、雨师。而王肃则根据《孔子家语》，认为"六宗"应该是四时、寒暑、日、月、星、水旱。

郑玄以为"天"有六，其中最尊贵的是"昊天上帝"，又称"天皇大帝"，也就是"皇天"。"皇天"就是北辰之星，居住在北极，又名"耀魄宝"。另有五行精气之神称作"五帝"，也叫作"太微五帝"，居住在太微宫中，分别在东南西北中为王。这五帝又总称"上帝"，分别叫作：青帝灵威仰、赤帝赤熛怒、白帝白招拒、黑帝汁光纪、黄帝含枢纽。这五帝也是"天"，因为如果上帝不是天，又怎么能令四时更替、风雨变幻？如果上帝不是天，为何人间帝王祭祀昊天上帝和五帝时穿同样的礼服呢？郑玄还认为，这五帝在天上轮替为王，人间帝王也轮替为王，并且人间帝王必定是感应上天五帝之一而生。

王肃则认为所谓"五帝"，就是五个人间的帝王，他们都是黄帝的子孙，虽然分别得到了五行的帮助，为五行之神，但并不是感太微五帝之精而生，也不称"天"。"天"当是唯一的，不当有六。因为天是至尊,既然是至尊,其他则不能再称之为"天"。

除王肃极力反对郑玄之学外,也有王肃的门人对郑玄之学进行了驳斥,有名的有孔晁、孙毓等,可争论的具体情形现在已经不详。

2. 郑学的反击

王肃及其门人对郑学的攻击，引来了郑学学者的反对。"东州大儒"孙炎，是郑玄的再传弟子，针对王肃的《圣证论》作了驳斥，可惜孙炎驳斥王肃的言论没有流传下来。

就在王肃遍注群经、论定朝仪、改易郑玄的学说时，郑玄的弟子、荆州刺史王基坚持师说，与王肃相抗衡，但可惜王基的理论也没有流传下来，现在只知道他和王肃的争论集中在《毛诗》上。

中郎马昭针对王肃对郑玄的驳难，上书驳斥王肃的谬误。皇帝下诏让王学学者来作答。马昭对王肃的驳斥，主要针对其《圣证论》。

王肃的《圣证论》曾引用《尸子》和《孔子家语》向郑玄发难："从前舜弹五弦之琴，边弹边吟道'南风之来兮，可以解除人民的怨恨；南风之过兮，可以增加人民的财富'。郑玄却说'未曾闻也'，这是他见短识浅，未能把握圣人之意。"

马昭驳斥道："《孔子家语》，本来是王肃自己伪造的，郑玄怎么可能见得着？《尸子》是诸子杂说，不具有证实或证伪正经的地位，所以郑玄说'未曾闻也'。"马昭这种釜底抽薪的驳难，很有力量。

博士张融也是郑学之士,他与王肃正面交锋,采用"案经论诘"的方式,使王肃"疲于岁时",应接不暇。

3. 曹髦问难

郑学与王学之争，留下的都是一些碎片，具体情形已经不详。在魏晋之际郑学与王学的争辩中，记述详细生动、影响很大的就是高贵乡公曹髦直接参与的论辩。

高贵乡公曹髦，字彦士，魏文帝之孙，东海定王曹霖之子，正元元年（254年）即位。曹髦是曹氏子孙中很有才学和抱负的一位，钟会称之为"才同陈思，武类太祖"，即他的文学才华可以和曹植相比，他的武学才华可以和曹操相比。甘露元年（256年）四月，高贵乡公亲临太学，问诸博士经义。他和诸博士围绕《易》、《尚书》、《礼记》展开问答，对郑学和王学都有质疑，并没有明显的尊郑黜王的倾向，倒是表现出来曹髦自己对经学的理解。

有一天，曹髦巡视太学，向儒生们问道："古代圣贤反复考察阴阳，才创立八卦，后来的圣人把八卦演为六十四卦，从爻开始，乃至无穷，所有的大道理无不包含其中。然而夏代叫《连山》，商代叫《归藏》，周代又叫《周易》，同样的一部《易经》，为什么会有这么多的叫法呢？"《易经》博士淳于俊回答说："伏羲氏根据燧人氏所画之图创立八卦，

曹髦驱车死南阙

甘露五年（260年）夏，曹魏丞相司马昭与贾亮合谋篡位，贾亮事成后于南阙刺死魏主曹髦

神农氏又把八卦演为六十四卦，黄帝、尧、舜都通晓它的变化，夏、商、周三代又顺应时代，在每一卦象下都配上说明文字。所以称之为《易》表示变化；称之为《连山》表示山在云雾中，天地贯通；称之为《归藏》表示天地万物无不归于其中。"曹髦继续问道："如果是伏羲氏靠燧人氏才创立《周易》，孔子为什么不说'燧人氏死伏羲氏作《易》'呢？"淳于俊没能回答上来。

曹髦继续问道："《易经》中的《彖辞》和《象辞》本为孔子所作，郑玄为《周易》作注，虽然它们出自不同的圣贤之手，但对经文的解释还是一致的。不过孔子所作的《彖辞》、《象辞》没有与经文连为一体,而郑玄的注却连上了,这是为什么呢?"淳于俊回答说:"郑玄把《彖辞》、《象辞》与经文合在一起,目的是想让学者便于查阅。"曹髦接着问道:"既然如此,那么孔子为什么不那样做呢?"淳于俊答道:"孔子唯恐人们把他与周文王相提并论,所以没有合在一起,这是圣人自谦。"曹髦继续问道:"如果圣人以不合为谦,那么郑玄为什么偏偏不自谦呢?"淳于俊答道:"古书的含义宏大深邃,圣上的问题深奥,不是为臣能详细回答的。"

接下来曹髦问道:"《易·系辞》称:'黄帝、尧、舜制作衣裳而天穿着宽松的衣服无为而治,从而实现天下太平。'这说明伏羲、神农时代没有衣裳,为什么圣人治理天下,情况便大不相同了呢?"淳于俊答道:"三皇时代人少而禽兽多,所以用禽兽的皮毛就可以满足天下人的需要;到了黄帝时代,人多而禽兽少,所以只好缝制衣裳来适应时代的变化。"曹髦又问道:"乾本来是指天,后来却又代表金属、玉石等,天能和这些具体的东西相提并论吗?"淳于俊回答说:"圣人注重形象,因此不分远近,远可以选择天,近可以选择身边的具体事物。"

讨论完《周易》后,接着又开始讨论《尚书》。曹髦问道:"关于《尚书·尧典》中'稽古'一词,郑玄考证:'稽古为同天之意,是说舜能顺天而行,与天同功。'而王肃则认为:'稽古意思是顺考古道,是说要考察古代的道理与方法,然后遵照执行。'两个人的解释不同,哪一个对呢?"博士庾峻回答说:"先辈们所坚持的观点,必定各有依据,为臣我无权评定是非。不过,《尚书·洪范》说:'三个人讲话,应该信从两人之言。'贾逵、马融以及王肃都认为应该是'顺古道'。如果按照《尚书·洪范》之说,王肃的解释应该更好些。"曹髦反驳道:

"孔子说：'大莫过于天，尧以天为法。'尧最大的优点是以天为法，至于顺考古道，并不是说明主要的特点。今天我们阐发义理的目的是为了明确圣人的美德，如果结果是舍本逐末，岂不是与原来的意图背道而驰吗？"庾峻于是说道："为臣只是遵照老师所教的说法，没能明白其中深刻的含义，至于正确的意见，还靠陛下明断。"

接着又讨论四岳推举鲧。四岳是四个部落首领，相传他们曾举荐鲧治水，但鲧用筑防水的办法，九年未平。四岳又推举舜为尧的继承人，尧对他进行三年的考核后，命他继位，这就是儒家所谓的"禅让"。曹髦问道："所谓圣人，应该与天地同德，与日月同辉，考虑无所不周，美德无所不照，现在王肃却说'尧大概是不太了解舜，所以对他进行考察试用'。照此说法，尧应该是圣人之明未尽了？"庾峻答道："即使圣人再伟大，也不会面面俱到。所以大禹说'知人者称之为明智，帝王做到这一点却很不容易'，不过尧最终还是任用了贤能之人，使其功业得到弘扬，所以说他仍旧无愧为圣人。"曹髦又问道："有始有终，才能成为圣人，如果无始，何以为圣？所谓帝王知人不易，后来又改任贤能，谈的都是知人，说圣人不容易，并不是说不应尽到圣明。经书上讲'知人者明智，善于用人'，若尧确曾怀疑过鲧，却试用九年，这就是不善于用人，又怎么能说他具备圣人的明哲呢？"庾峻答道："为臣从经书中了解到，圣人在处理具体问题时不会没有一点过错，比如尧对待四凶，周公对于管叔、蔡叔，孔子对待宰予都是如此。"曹髦则说："尧任用鲧治水，九年无功，致使洪水泛滥，百姓流离；孔子对于宰予的失误，则存在着言与行、重与轻的明显差别；至于周公与管叔、蔡叔之间的事情，《尚书》中记载得清清楚楚，身为博士，应该对此非常了解。"庾峻也只好说道："这些问题都是先哲们所提，为臣孤陋寡闻，无力深入研究。"

继而讨论《尚书·尧典》"舜在民间"的记载。曹髦问道："尧在位之时外面洪水成患，内有四凶乱政，举贤任能以解救国家当然势在必行。当时舜已进入而立之年，又堪称贤德，却迟迟不被荐用，这是为什么呢？"庚峻回答说："尧求贤若渴，本想退位相让，这时四岳称：'品行不端者不能继位。'尧又让四岳在下层群众中推举贤能，舜这才得到举荐。禅让于舜，本为尧之原意，让众人举荐的目的只是为了争取民心。"曹髦则说："尧久闻舜之大名，却又苦于无法进用，当时的忠臣也没人举荐，于是才让四岳在下层群众中推举贤良，舜这才得到举荐，并非只是说明求贤治国。"庚峻答道："陛下高见，为臣愚不可及。"

接着又讨论《礼记》。曹髦问道："《礼记》称'先之以德，次之以恩'。既然怎样治国就会导致怎样的社会风尚，那么又怎样树立德政，次之以恩又如何理解？"博士马照回答说："先之以德，指三皇五帝时代以德政感化百姓；次之以恩，则指夏、商、周三代按礼的要求治国。"曹髦又问道："德与恩所带来的社会风尚不尽相同，是否二者存在着主次优劣之分呢？是否会因时而异呢？"马照回答说："不错，每一时代各有特点，其风尚自然也就不会一样。"

这三次质疑论辩的重点都在义理而不在辞训，即要求从道理而非文字上解决不同经注的矛盾。学者多以为这是曹氏与司马氏争夺统治权力的斗争通过崇郑学贬王学的形式在学术上反映出来，但从曹髦的质疑中，尚看不出明显的推崇郑学的倾向。毋宁说是他为了表明自己解经见识的高明、树立自己解经的权威，而质疑、驳斥流行的经学见解。

小知识◎四书

　　四书之名始于宋朝,为儒家经典,包括《论语》、《孟子》、《中庸》、《大学》。其中《论语》和《孟子》原来都单独传世,而《中庸》和《大学》只是《小戴礼记》中的两篇,唐代开始受到人们的重视,南宋时朱熹将它们编在一起,元、明、清三代将它们作为科举取士的读本,取得了和五经一样的经典地位。

七 最后的今、古文经学之争

就在郑学和王学争论时,学术界一股更大的思潮悄然兴起,那就是魏晋玄学。魏晋玄学兴起后,学术的重心已经从经学转移到了玄学。南北朝和隋唐时期,道教和佛教兴起,经学面临强大的外部挑战,而今、古文经学之争,变成了经学与道教和佛教之争。直到晚清,今、古文经学之争才再次成为学术界的一个热点。

1. 经学在历史的挑战中发展

经学是中国传统社会的权威和正统思想，一旦社会发生变化或受到其他学派的挑战，就会进行自我调整，促进经学自身的发展。魏晋之后，中国社会陷入南北朝的对峙局面，经学也有南北朝之分。南朝经学清新，这是受到了玄学的影响；北朝经学质朴，这是受郑学影响的结果。隋唐政治上的统一，也给经学带来了统一，其代表作是孔颖达主编的《五经正义》，采取"疏不破注"的训诂方法，对今文经学和古文经学作了总结。

为了应对道教和佛教的挑战，经学从中唐韩愈开始逐步进入到一个新的发展阶段，到宋代形成了新的解经方式——理学化的经学，以程朱理学最为典型，朱熹是集大成者。宋代经学采取了一种不同汉唐训诂章句的解经方式，而是用阐发义理的方式来解经，即所谓的"依经明理"。

《四书章句集注》
所谓章句就是对经典的解释，《四书章句集注》是朱熹对《大学》、《中庸》、《论语》和《孟子》的解释，是章句的代表

蒙古人入主中原建立元朝后，在思想上接受了汉族文化，仍然将经学作为社会的正统思想，并明确规定科举考试用朱熹的《四书章句集注》，这使程朱理学在元朝正式成为官方的学术，从此理学确立了独尊的正宗地位。元代经学，在北方和南方也不一样：北方经学长期受辽、金经学的影响，以六经研究为主，注重经史结合，虽倡扬程朱理学，但也不废汉唐注疏，具有平实质朴的特点；南方经学则直接承袭宋代经学的性理阐释，朱子之学广泛流传。

明代初年，朝廷将程朱理学作为官方统治思想，并修纂了《五经大全》、《四书大全》和《性理大全》，作为科举八股取士的依据，程朱理学被束缚而失去了活力，逐渐衰落下来。正如顾炎武所说的"自八股行而古学弃，《大全》出而经说亡"。就在程朱理学衰落时，"心学"开始兴起，以王阳明影响最大，他的学说又被称为"王学"，"经学即心学"是他经学思想的基本特点。明朝中后期，王学盛极一时，但王学弊端日益严重，晚明时的王学末流到了"不观经书，空谈心性"的禅学地步。王学末流这种空疏无用的学风，给经学造成了极大的伤害。所谓物极必反，清代考据学兴起，也是对晚明经学弊端的补救和反正。

2. 晚清今文经学的兴起

明朝被灭后,清入主中原,给汉族人带来了巨大的心理震动。知识界开始反思原因,认为空疏无用的宋明理学是主要原因之一,所以清代兴起了"通经致用"的思潮。"清初三先生"(顾炎武、王夫之、黄宗羲)的实学,开启了清代古文经学,也就是所说的考据学。后来因清政府高压下的文字狱政策和编纂《四库全书》的引诱,古文经学大盛,成为学术界的主流。但是,随着学术的发展和社会条件的变化,与考据学对立的义理学慢慢发展了起来,这就是今文经学。

庄存与、刘逢禄奠基

绝响千年的今文经学再次复兴,既是清代学术演进的趋势所致,也是当时社会现实的刺激所致。从学术发展来看,乾嘉时期以考证训诂为特征的古文经学虽然极盛,但已经隐含着负面的影响,这就是考证训诂走向烦琐,严重忽视经学"经世致用"的作用,强调"以经为经",而不管社会现实问题。古文经学在社会平稳之时还能吸引学者,一旦社会发生严重的危机,这种脱离实际的弊端就会暴露出来,引发学术的转向。从乾隆末年之后,社会危机不断加深,土地兼并严重,吏治极为腐败,社会矛盾极为尖锐,农民起义不断发生。时代的剧变必然引起学术的变迁,忽视现实的古文经学逐渐被关注现实的学术所代替。将学术与政治结合起来的今文经学就是在这种背景下兴起,其中以阐发"微言大义"的公羊学为代表。

庄存与在考据学鼎盛之时,却选择了一条与之相反的阐发经中大义的治经路向,被誉为近代今文经学的启蒙大师。庄存与(1719～1788年),字方耕,江苏武进(今江苏常州)人。乾隆十年(1745年)中进士,授翰林院编修,后任直隶学政、礼部左侍郎等官职。乾隆三十二年(1767年),受命上书房行走(皇子老师的副手),给皇子们教书。

庄存与敏锐地觉察到当时复杂的社会矛盾,对清代古文经学的治

庄存与题书的"慈孝完贞"匾额

庄存与,清乾隆十年(1745年)榜眼,官至礼部左侍郎。此为乾隆十年庄存与题书的"慈孝完贞"匾额,现存于北京高碑店科举匾额博物馆

经方式也不满，于是仿照元末学者赵汸的《春秋属辞》作了《春秋正辞》一书，表示要续接汉代董仲舒、何休今文经学的传统。庄存与公开树起今文经学的大旗，一下子打破了沉寂千年的公羊学，成为清代今文经学兴起的开山之祖。由于庄存与是常州人，其他主要的继承者也是常州人，所以他所发起的这个学派又叫作常州学派。

其后不久，刘逢禄继承庄存与的今文经学。他专门研究董仲舒、李育，开始严立今文经学的门户，因此成为近代今文经学的奠基人之一。

刘逢禄（1776～1829年），字申受，江苏武进（今江苏常州）人，是庄存与的外孙。幼年即由母亲庄氏教授他西汉贾谊、董仲舒的文章。11岁时，外祖父庄存与详细询问刘逢禄所学何书后，叹道：此外孙必能传吾学！刘逢禄没有辜负外祖父的期望，潜心研究公羊学一二十年，先后著成《春秋公羊经何氏释例》、《公羊春秋何氏解诂笺》、《发墨守评》、《穀梁废疾申何》、《箴膏肓评》、《左氏春秋考证》等，从各方面阐述和发挥公羊学学说。刘逢禄是常州学派的关键人物，他的思想和著作在嘉庆和道光年间产生了重要影响。由于他的努力，庄存与发端的今文经学开始壮大，清代今文经学才称得上真正复兴。

刘逢禄的《春秋》学，是以西汉董仲舒、东汉何休的今文经学来反对许慎、郑玄的古文经学，主张治经重在研究"微言大义"。刘逢禄不仅推崇《公羊传》，还不遗余力地排斥《左传》。他认为《春秋左氏传》的名称本来是《左氏春秋》，司马迁就在《史记》中使用了这样的名称，它如同《晏子春秋》、《吕氏春秋》一样，是记事的史书，而不是解释《春秋》的。西汉末年，刘歆为了献媚于王莽，模仿《公羊传》，篡改《春秋》的内容，将《左氏春秋》改名为《春秋左氏传》，并上升为经书。他力辨刘歆之伪，严分《左传》和《公羊传》，否定《左传》的经典地位，从而也为后来康有为等人所仿照。

龚自珍、魏源唱响学界

清代今文经学由庄存与和刘逢禄奠基后，经龚自珍和魏源的大力推广，才唱响学界，为学者瞩目。

龚自珍（1792～1841年），一名巩祚，字璱人，号定盦，浙江仁和（今杭州）人。27岁为举人。道光元年（1821年）官内阁中书，任国史馆校对官。道光九年（1829年），始成进士。官至礼部主事。道光十九年（1839年），弃官南归。

龚自珍是皖派大师段玉裁的外孙，少年时便从外祖父学习许慎的《说文解字》，深得段玉裁"以经说字，以字说经"的真传。但龚自珍的学术兴趣并不在于古文经学的考据训诂，而是在于变革时弊，平正天下。显然，注重考据训诂的古文经学没有此功能，而好"怪异之论"的公羊今文经学，恰好符合他的志趣。所以当他听了刘逢禄的公羊学之后，如醍醐灌顶，欣喜若狂，说道："昨日相逢刘礼部，高言大语快无加。从君烧尽虫鱼书，甘作东京卖饼家。"当即放弃了注重考据的古文经学而转向今文经学。

龚自珍首先对今文经学作了阐发，并对古文经学进行了排斥。龚自珍继承了刘逢禄《左传》是刘歆篡改的观点，还认为《周官》是先秦的一部普通之书，后被刘歆所篡改才成为经，因此他一生都厌恶《周官》。

与龚自珍齐名的魏源，也曾受学于刘逢禄，是一名今文经学的得力干将。魏源(1794～1857年)，原名远达，改源，字默深，湖南邵阳金潭(今隆回县)人。出身于没落地主官僚家庭，幼年时代家境贫寒。道光二十四年（1844年）进士，官至内阁中书，晚年任高邮知州。

魏源对清代古文经学进行了严厉的批评，认为古文经学所作的训诂考据，空谈经书而不解真义，且没有一点现实的意义，与"通经致用"南辕北辙。所以他大力提倡"承七十子微言大义"的今文经学。

他作《书古微》攻东汉马融、郑兴，批驳古文经学没有家法、师法，也没有师承来历，是一种无稽之谈；要发伏生、欧阳、夏侯学说之幽，使他们的绝学大光于世。他又作《诗古微》，贬低《毛诗》，抬高《韩诗》、《鲁诗》和《齐诗》。

自龚自珍、魏源高扬今文经学旗帜后，研究今文经学的人越来越多，使今文经学开始出现兴盛的局面。在众多研究今文经学的学者中，皮锡瑞和廖平成就突出。

皮锡瑞、廖平将今文经学发扬光大

皮锡瑞（1850～1908年），字鹿门，一字麓云，湖南善化（今长沙）人。光绪八年（1882年）举人，之后三次会试不中，遂潜心讲学著书。他景仰西汉伏生之治《尚书》，署所居名"师伏堂"，学者因称之"师伏先生"。光绪十六年（1890年）在湖南龙潭书院讲学。中日甲午战争后，愤于《马关条约》的丧权辱国，极言变法不可缓。"戊戌变法"后，清政府下令革去其举人身份，逐回原籍，交地方官严加管制。晚年长期任教，并任长沙定王台图书馆纂修。《经学历史》是皮锡瑞的代表作。

皮锡瑞同古文经学家争论的问题，主要是六经为谁所作以及与此相关联的如何评价周公和孔子的问题。古文经学家认为，《易》的卦辞和爻辞分别为文王、周公所作，《春秋》凡例、《周礼》、《仪礼》均出自周公之手，孔子对六经只是传授而已。因此，周公是"先圣"，孔子不过是传道授业的"先师"。皮锡瑞则认为,六经为孔子所定,在孔子之前没有经。《易》与《春秋》皆为孔子所作,《诗》、《书》二经则是孔子所删订。因此,孔子是改制之素王,制经之圣人。

皮锡瑞虽然持今文经学的立场,但他对古文经学的态度比较平和。他尊崇今文经学,也肯定古文经学的作用,而不是一口否定。

廖平(1852~1932年),四川乐山市井研县青阳乡盐井湾人。初名登廷,字旭陵,号四益;继改字季平,改号四译;晚年更号为六译。廖平出身贫寒,家中无力支持他读书,他就下河摸鱼,送给私塾老师,请求读书。私塾先生大为感动,认为孺子可教,答应了他的要求。廖平格外珍惜这个来之不易的机会,昼夜勤苦攻读,曾夜立于庙中神灯下读书。终于学业猛进,自立成才。

同治十二年(1873年),四川学政张之洞从落选的院试试卷中将廖平的卷子提出,并将其拔置第一。两年后,廖平被张之洞选入刚建成不久的成都尊经书院,此后又多次照顾廖平,所以廖平一生都对张之洞感激不尽。

廖平入尊经书院前服膺程朱理学,之后受张之洞影响,又转向文字训诂的古文经学。光绪五年(1879年)今文经学家王闿运主讲尊经书院,廖平深受他的影响,认为文字训诂只是枝叶,今文经学的微言大义才是根本,于是由古文经学转向今文经学。此后,张之洞曾一再劝诫廖平放弃今文经学,回到古文经学,但他坚持今文经学。

廖平主张为学要善变,三年一小变,十年一大变,这样学问才能增长。如果三年不变,已经是庸才,如果十年不变,那就已经是废才了。但学术变化很难,只有力求上进者,才能实现。廖平自治今文经学后,其学说经历了六次变化,因此自号"六译"。就是说他对孔子经书的微言大义进行了六次"翻译"。通过六次"翻译",将经中孔子的微言大义阐发得越来越明白、精微、深刻。

廖平第一变为平分今文经学与古文经学。廖平认为今、古文经学两派的对立，不在于文字的差异，而在于礼制的不同。今文经学的礼制出于《礼记·王制》，《王制》是今文经学的根本。古文经学的礼制出自《周礼》，《周礼》是古文经学的根本。今、古文经学都出自孔子，都是孔子的学说。古文经学是孔子早年的学说，以沿袭周制为主，因而又称为"从周"之学。孔子早年的学生都研究古文经学，因此，孔子早年从周之学为古文经学所本。孔子晚年之学为今文经学。他晚年看到周文的弊端而改文从质，其学以改革周制为主旨，因而又称为"改制"之学。孔子晚年的学生所研究的就是今文经学。他晚年改制之学即为今文经学所宗。

第二变为尊"今"抑"古"。其代表作为《辟刘篇》、《知圣篇》。此时，廖平已放弃了平分今、古文经的说法，而是认为今文经是孔子所作，古文经是刘歆伪造的。廖平的这些观点，后来被康有为发扬光大。

第三变是大统小统。大统也称皇帝、大同，小统也称王伯、小康。廖平认为孔子改制不仅为中国立万世法，而且为治理世界的万世法。

第四变为天人学。廖平认为大统小统，只不过是适用于六合以内的人类社会，故属于人学范围。孔子为整个宇宙立有法度，它适用于六合以外的整个空间，包括星辰、灵魂、仙佛世界，此则属于天学范围。

第五变为融合天、人、大、小为一，是把第三、第四变的内容统一起来。

第六变为天、地、人合一，认为天、地、人相互感应，天文、地理通于人事的道理。

廖平经学思想多变，从学术研究来说，这种探索的精神值得肯定，但他三变之后的思想，都有些牵强附会，自说自话，已经突破了经学的基本原则,学术价值极为有限。

小知识◎《春秋繁露》

  《春秋繁露》是汉代大儒董仲舒的代表作,也是公羊学的经典。在《春秋繁露》中,董仲舒论述的"大一统"的政治观、"张三世"的变易观、"通三统"的改制观、天人感应和谴告说等,都对当时以及2000多年的封建社会产生了重要的影响,是儒学生活化、制度化的重要步骤。清末今文经学的兴起,是《春秋繁露》的思想以另一种方式出现。

3. 康有为和章太炎双峰对峙

清末今文经学的核心人物是康有为。他将今文经学推向了高潮，成为19世纪末、20世纪初风靡全国的思潮。就在今文经学流行全国时，章太炎又扛起了古文经学的大旗，与康有为为代表的今文经学进行了争论。

康有为掀起今文经学狂飙

康有为（1858～1927年），字广厦，号长素，广东南海丹灶（今属佛山市南海区）人，自幼受过严格的正统教育。当时程朱理学高踞庙堂，古文经学风靡一时，所以康有为年轻时曾研究过古文经学，而且非常喜欢古文经《周礼》，还写过专纠东汉今文经学家何休的《何氏纠谬》。

但康有为生活在广东这块最早受"欧风美雨"吹拂的南国海滨，其性格又充满忧患意识，学术上喜欢举一反三追求实学之用，深感清代学者虽然继承古文经学家的训诂方法而条理分明，但考据学家的着作就是汗牛充栋，对拯救国家民族危亡又有何用？特别是他在礼山草堂苦读时受他的老师朱次琦"通经致用"思想的影响，走上了"经世致用"的学术道路，立志要以天下为重，而不是追求名利。所以他自悟到攻击何休的不当，当即烧毁了《何氏纠谬》的文稿。此时的康有为，已经有了从古文经学向今文经学转变的思想准备，而受廖平的影响之后则加速了这种经学立场的转变。

1895年，康有为在京师组织了"公车上书"。上书未能抵达光绪手中，他也回到了广州，住在安徽会馆中。此去，康有为已经读过廖平的《今古学考》，将廖平引为知己，且知道廖平是张之洞的高足，设想通过廖平争取张之洞来支持他的变法。同时，康有为风闻廖平的新作《知圣篇》和《辟刘篇》在羊城被广为传抄，所以康有为急于拜访廖平。

光绪十六年（1890年）春，康有为和同乡黄绍宪到广雅书局拜访廖平。几天后，廖平到安徽会馆回访。此次会面，给双方都留下了深刻的影响，廖平对康有为印象极佳，称他为"奇才博士，精力绝人"，而康有为则尽弃前说，完全转向了今文经学。

1891年，康有为发表了他所著的《新学伪经考》。这部著作与长期占据正统地位的古文经学完全相对，引起了思想界的震动，形成了"思想界之大飓风"。在该书中，康有为认为今文经虽经秦始皇焚书坑儒，但经书并没有亡缺，都是原来的真经足本，并找出了8条理由来说明。说今文经亡缺是刘歆进攻今文经的杜撰。相反，《周礼》、《逸礼》、《毛诗》、《左传》等古文经是刘歆为了帮助王莽篡夺刘氏天下而伪造出来的，所以他称古文经学为"新学"，是王莽建立的"新朝"之学，是刘歆捏造的伪经，不是孔子的真经，因而湮灭了孔子的"微言大义"。伪经的始作俑者是刘歆，而集大成者是郑玄，结果使得2000多年的读书人、20个朝代的礼乐制度,统统把这种伪经奉为圣统,没有人敢怀疑,也没有人敢违背。最后使得孔子的圣法被扫荡无遗。他批评清代的古文经学家不辨真伪,高谈"汉学",只能成为"新代之学"。因此,他疾呼"刘歆之伪不黜,孔子之道不著"。

1897年,康有为完成《孔子改制考》,引发了思想界更大的反应,被人称为"火山大喷火、大地震"。在该书中,康有为认为六经都是孔子为了"托古改制"而亲自写成的作品,从而把孔子打扮成"托古

万木草堂

万木草堂原为邱氏书室,建于清嘉庆九年(1804年)。光绪十七年(1891年),康有为租借邱氏的书院作为讲学堂,创办了万木草堂,聚徒讲学,宣传改良主义思想,开展政治活动,成为戊戌变法策源地。万木草堂也是康有为的藏书之地,所藏图书上万册。他去世后,藏书大部分归与广西大学图书馆、镇江图书馆、香港中文大学图书馆等

改制"的大师，热烈主张进步和革新，反对落后和守旧。他批评古文经学关于孔子"删述六经"、"述而不作"的言论是极其错误的。

康有为的这两部书引起了极大的震动，其拥护者和反对者展开了激烈的争论。拥护者将康有为誉为"圣人"，反对者将他贬为"怪人"。这两部书也是康有为维新变法时的思想武器，不仅在思想界引起了极大的震动，而且引起了清廷顽固派的恐慌。他们将这两部书视为洪水猛兽，并多次将其查封、销毁。

章太炎求同为变法

章炳麟（1869～1936年），字枚叔，因仰慕清初学者顾炎武的人格，更名绛，号太炎，浙江余杭（今杭州市余杭区）人。章太炎从小就接受了严格的古文经学的训练，从识字开始，他就在外祖父引导下初识文字音韵的门径，后在大哥的指导下，仔细研读了清代文字音韵学最高成就——顾炎武的《音学五书》、段玉裁的《说文解字注》、郝懿行的《尔雅义疏》以及王引之的《经义述闻》，对中国古文字即音韵有了准确的了解。章太炎在十七八岁时，通读了清代的学术总汇《学海堂经解》和《南菁书院经解》，使他对清代朴学治学方法有了通盘的了解。

22岁后，章太炎在诂经精舍度过了近8年的岁月。他师从俞樾、黄以周、谭献等著名学者，接受了更为严格的朴学训练。在此期间，章太炎写了两部表明他古文经学立场的著作《膏兰室札记》和《春秋左传读》。《膏兰室札记》原稿有四册，抗战中遗失一册。"膏兰室"是章太炎在诂经精舍为自己的书斋所命之名，是滋润兰芝之室的意思。书稿封面上有一长方朱印"静涵书屋"，是潜心治学的意思。《膏

章太炎

章太炎,近代民主革命家、古文经学家、思想家,富于民族思想。他曾"七被追捕,三入牢狱,而革命之志终不屈挠"。辛亥革命后,日渐脱离政治,专意治学

兰室札记》的内容虽然是关于《荀子》、《墨子》、《淮南子》等先秦和西汉诸子百家的,但章太炎在撰写时严格按照古文经学的方法。他列了六条方法:一是审名实,二是重佐证,三是戒妄牵,四是守凡例,五是断情感,六是汰华辞。这些方法,都是清代古文经学家所推崇的治学方法。《春秋左传读》则是章太炎尊"古"贬"今"的著作。

章太炎和康有为的交往始于1895年,此时,康有为已因"公车上书"和发表《新学伪经考》而名满天下,成为维新派的精神领袖,而章太炎虽然寂寂无名,但他的古文经学立场坚定,功底也非常深厚。这一年冬天,康有为路过杭州,特地前往诂经精舍拜访章太炎的老师、著名的古文经学大师俞樾,并将自己的著作《新学伪经考》赠给俞先生。俞樾当时就对章太炎说:"你推崇刘歆,以刘歆的弟子自居,而康有为则专门以刘歆为敌,你们二人正如水火不相容啊。"

两人的学术观点虽然针锋相对,但在政治上,章太炎对康有为在北京发动"公车上书"和组织强学会非常佩服。康有为对章太炎的学识也非常欣赏,于是请求章太炎参与他所领导的变法运动。由于国家危亡的局势和对康有为变法的认同,章太炎答应为变法奔走呼号。

1896年,维新派在上海创办《时务报》,梁启超任主笔,汪康年任经理,章太炎为该报撰稿。由于出色的文笔,犀利的观点,章太炎

被邀请到《时务报》担任笔政。他于年底离开俞樾的诂经精舍到上海赴任，并加入康有为在上海的强学会来支持他的变法。但学术上的差异，终究会影响到现实生活，在时务报馆，章太炎因为学术的分歧与康有为的弟子发生了冲突，被康有为的弟子围殴。

康有为的弟子都将康有为当作教皇，又称之为南海圣人，认为康有为不到10年，当有天降大任于他，且不容其他人质疑。对于康有为弟子的这些言行，章太炎并不认同，视其为病话狂语，但也不愿与康门弟子当面争论，只是私下与人提及。当章太炎的这些言论传到康门弟子耳中，他们认为章太炎对康有为不敬，一直心存怨气，伺机报复。有一天，谭嗣同来到上海，章太炎和康有为的弟子梁启超、麦孟华等人一起接待。书生见面，不免谈及学问，谭嗣同认为梁启超的文章可以与贾谊的相比，章太炎的文章则像司马相如的，而没有提及麦孟华。当时麦孟华与梁启超齐名，并称"梁麦"。谭嗣同称赞梁启超和章太炎而无视他，让他非常恼火，对章太炎也更加忌恨。

几天后，麦孟华和梁启超的弟子梁作霖又在时务报馆吹捧康有为，章太炎听不下去，就和他们争论。麦孟华率康门弟子群起而攻之，梁作霖大声说道："当年在广东，有人对康有为大不敬，被我们在大庭广众之下一顿暴揍，今天也要好好收拾一下你们二人，来惩戒你们对康圣人的不敬。"于是康有为的弟子一拥而上，将章太

梁启超

梁启超（1873～1929年），字卓如，号任公，又号饮冰室主人、饮冰子、哀时客、中国之新民、自由斋主人等。中国近代维新派代表人物，戊戌变法领袖之一。早年追随康有为，后期与他决裂

炎和麦仲华（他的观点和麦孟华、梁启超不同，多次与麦、梁等康有为弟子争论，曾被梁作霖当面辱骂，甚至称之为"狗"）围殴。章太炎奋力反抗，混战中打了梁启超一记耳光，但毕竟寡不敌众，吃亏不小。

事后，章太炎离开上海到了杭州，但是这并没有导致康、章分离，他在政治上依然坚定地支持康有为的变法。张之洞、梁鼎芬得知章太炎和康有为学术上的分歧，当章太炎离开上海《时务报》后，即邀请他到武昌主编《正学报》，想利用他来打击康有为，消除康有为的社会和政治影响。章太炎断然拒绝，并对梁鼎芬等人诋毁康有为的言论进行了严厉的批驳，力挺康有为的维新变法。

章太炎拒绝张之洞、梁鼎芬后，就闭门谢客，撰写《新学伪经考驳议》，脱稿之前曾专门写信向孙诒让请教。孙诒让在学术上也不同意康有为的观点，但他认为康有为有关变法维新的主张洞见了中国问题的症结，必须给予保护和支持，而公开批驳《新学伪经考》必然会助长反对维新变法者的气焰，因此劝他要慎重考虑。章太炎也深觉有理，就中止了《新学伪经考驳议》一书的写作。

1898年维新变法失败后，康有为辗转逃往日本。慈禧太后密令驻日公使秘密逮捕康有为并送至中国，如果不能，也要设法将他暗杀。同时，又开动宣传机器，对康有为大肆诋毁。一时间，谈康色变，许多人唯恐殃及自身，纷纷与康有为划清界限。此时的章太炎，也因为参与变法被清政府盯上，被迫逃亡台湾。但他毫不畏惧，立即给康有为写了一封信，对他依然是热情支持，并声讨了慈禧太后和顽固派的种种罪恶，声称戊戌变法是扭转乾坤的伟业。

康有为收到章太炎的书信后，大为感动，立即给章太炎回信一封，对章太炎在危难之时的关怀和支持深表感激，声称章太炎乃当世豪杰，希望能继续与他合作，共同完成救国大业。章太炎收到后，既惊又喜，写了一篇长长的感言,与康有为的信件原文一同发表在《台湾日日新报》。

在这篇感言中,章太炎表达了接到康有为回信的兴奋。他说:"自流落台湾以来,既对康有为的处境担忧,更对维新变法的失败愤懑,整天郁郁寡欢,寂寥无神。昨天忽然接到康有为的书信,顿时眉宇飞扬,精神百倍,不啻于一副百金良药!"

"虽然我和康有为学术观点不同,但也不过是《左传》、《公羊传》门户、师法的不同,在黜周王鲁、改制革命等大的原则上,则没有什么不同。同时,面对救国救民的大事,学术上的异同又算得了什么。"

从他们的往来信件,我们可以看出康有为和章太炎之间深厚的友情。但是经过维新变法,章太炎对中国能否走君主立宪的道路产生了怀疑,而经过八国联军侵华之后,章太炎对包括光绪帝在内的清政府失望透顶,毅然走上了推翻清政府的革命道路。

但康有为在戊戌变法失败后,并没有改变他的政治路向。他从坚定的变法者变成了顽固的保皇者,这与章太炎的革命路向格格不入,两人渐行渐远,但是,此时的章太炎仍不愿直接批评康有为。1901年,章太炎在东京《国民报》第4期上发表了《正仇满论》,将矛头对准了梁启超,虽然梁启超所宣传的正是康有为的观点。

1903年,章太炎将《驳康有为论革命书》写完后,托人带到香港转新加坡交给康有为本人。这是一份公开信,目的是要消除康有为政治理论的影响,但是,他将信托交康有为收阅,正表明章太炎尽管在政治立场上同康有为已经处于对立地位,但对康有为本人还是尊重的,同时对康有为还抱有一线希望,真诚地希望他能够有所觉悟,放弃他君主立宪的幻想而投身革命。若能如此,康有为依然能够保证他圣人的地位,对中国革命也是一个巨大的促进。

可惜康有为没有回应,晚清经学双峰从此中止了他们的友情,从革命同志变成了政治上的敌人。

章太炎对今文经学全面清算

早期，章太炎为了支持康有为变法，并没有将矛头对准康有为，而是将矛头对准了刘逢禄、廖平。

《春秋左传读》是章太炎对付清代今文经学家的重要著作。章太炎精心发掘周代、秦代和西汉传授《左传》学者的学说，通过论难辨析，揭示《左传》行文中遣词用字的特点，阐明历来争论不休的《左传》的思想倾向、编纂方式。《春秋左传读》还对《左传》的作者、成书年代、传授系统以及《左传》与《公羊传》、《穀梁传》的关系，详细作了疏证，驳斥了刘逢禄、廖平直至康有为所主张的《左传》为刘歆作伪一说。

为了集中驳斥刘逢禄，1902年，章太炎在《春秋左传读》的基础上，写了三部书。刘逢禄曾作《左氏春秋考证》、《箴膏肓评》等来批评《左传》，章太炎就写了《驳箴膏肓评》、《砭左氏春秋考》等来反驳刘逢禄。章太炎详尽地引证周、秦、西汉各种文献，并袭用《左传》的材料，有力地说明了《左传》并非刘歆所伪造，《左传》传授系统并非刘歆所虚构，批评了强指《荀子》、《韩非子》、《吕氏春秋》、《新书》、《史记》等书中与《左传》相关的文句都是刘歆插入的说法是毫无根据的主观臆断。

对于《春秋左传读》的成就，尤其是对今文经学的驳斥，章太炎曾自信满满地说："《左传读》足以使庄（存与）、孔（广森）解戈，刘（逢禄）、宋（翔凤）弢旋。"就是说可以让今文经学家缴枪投降。

对于皮锡瑞对古文经学的批评，章太炎也作了回击。章太炎认为

《訄书》书影

章太炎学术论文集,取名《訄书》,意思是书中所论及的都是为匡时救国被迫非说不可的问题。随着章太炎思想的变化,《訄书》先后有三次大的修改。《訄书》文笔古奥,索解甚难。胡适认为《訄书》可以和刘勰的《文心雕龙》、刘知几的《史通》、章学诚的《文史通义》等名著比肩

六经都是历史书,对于皮锡瑞提高《春秋》在五经中的地位的说法甚为不满,认为这是俗儒所为,见识浅薄。

对于廖平,章太炎还与他有过一面之缘。廖平给章太炎的印象还不错,对于廖平的学术成就,章太炎也颇为肯定,但是对廖平今文经学的立场,章太炎予以反对,说廖平"学术不是纯儒,但德行却是纯儒"。章太炎认为廖平的论述是奇谈怪论,甚至是荒诞不经的:说六经为孔子所作,但六经在孔子之前已经存在,并且为其他学派的学者所引用;无奈之下,只能说庄子、墨子、申子、韩非子都宗孔子,处于儒家。此等言论,怎会有人相信?

1903年,章太炎和康有为的政治分歧越来越大,章太炎写了《驳

康有为论革命书》，对康有为从政治上和道德上进行批评，并从学术上对康有为的今文经学进行了清算。他又先后写了《革命之道德》、《箴新党论》，文章直斥康有为顽固坚持保皇和改良的荒谬。政治立场上无法弥合的矛盾又将两人学术上的争执牵扯进来，章太炎抨击康有为的《新学伪经考》："戴望的今文经学流传到湖南、广东之后，被一帮肤浅薄识之人视为至宝，竞相阐发，康有为将其阐发为《新学伪经考》。说刘歆是纵横之士可以，但是讽刺刘歆是新莽政权的国师，这是不能容忍的。"

章太炎又进一步攻击康有为的《孔子改制考》，说道："《明堂大道录》流传到清末形成了张翰风的《风后握奇经》，《韩诗》、《齐诗》流传到清末形成了康有为的《孔子改制考》。张翰风为义和团之先师，康有为虽然与之相反，但妖妄是一样的。若探其源，则今文经学的祖先董仲舒、翼奉也是义和团的远祖。"

对于康有为认为《左传》是伪书的观点，章太炎坚持认为《左传》不伪，左丘明亲自见过孔子，孔子作的《春秋》与左丘明的《左传》，二者相辅相成，只有通过《左传》，孔子《春秋》的本意才能体现出来。《左传》成书于孔子所处的春秋时期，《穀梁传》成书于战国，而《公羊传》则在秦末才成书。《左传》是孔子亲传，而其他两传只是后人听闻孔子的言论而成，所以章太炎批评康有为"不重古文而重齐人口授之鄙语"。

对于今文经学家对刘歆的攻击，章太炎作了激烈的回击。他说："刘向父子总结《七略》，在今文经学独尊的西汉时期，积极从事古籍的整理，古文经书得到彰显，尤其是研习《左传》，用《左传》解释《春秋》，使人们对《春秋》的认识更加正确。这与孔子编订六经所做的事是一样的，所以刘歆是一位比肩孔子的大学者。"

康有为认为孔子以前的历史茫昧无稽，没有书籍，六经都是孔子编著的，目的是要"托古改制"。经典中的尧舜的故事，都是孔子根据自己的政治思想编造的。章太炎则考证了六经在孔子之前就存在，不是孔子编著的，驳斥了康有为的"托古改制"。

对于对孔子的评价，也是章太炎和以康有为为首的今文经学家的重要分歧之一。孔子作为儒家的开山鼻祖，今、古文经学家都毫不例外地推崇，但尊崇的角度不同，因而就带来理解上的不同。康有为认为孔子作六经，为百世制法，将孔子视为托古改制的政治家和未卜先知的教主。章太炎则根据孔子自言"述而不作"、"信而好古"，把孔子当作编订六经的史学家和授徒讲学的教育家，驳斥了康有为的言论。

章太炎还从方法论上驳斥康有为，认为他在思想上、学术上最大的失误是过分强调经世致用，而无视学术的真正胜利是求真；过分相信一般通则、固定模式，而脱离客观实际。康有为的这种学风在当时造成了极为恶劣的影响，必须予以清除。

1913年秋，章太炎被袁世凯软禁在龙泉寺，此时的康有为和他的追随者建立孔教会，并大力倡导和推动将孔教定为国教的活动。章太炎对此十分反感，立即写下了《驳建立孔教议》、《反对以孔教为国教篇示国学会诸生》等文章，抨击康有为建立孔教的主张。认为若建立孔教，必将引起"谶纬蜂起，怪说布彰"，"巫道乱法，鬼事干政"，"孔教之称，始妄人康有为，实今文经师之流毒。……以若所教，行若所学，非使学术泯绝、人为狂夫方相不已"。

章太炎在他所开设的国学讲习会上公开声明："本会专以开通智识、昌大国性为宗，与宗教绝对不能相混。其已入孔教会而后愿入本会者，须先脱离孔教会，庶免薰莸杂糅之病。"

清政府覆亡后,"通经致用"的社会条件不复存在,经学也失去了神圣的地位。"通经"不再是为了致用,经学的研究成为普通的学术研究。对今文经学与古文经学之间争论的研究,不再有立场上的争论,而是以第三者的眼光,看待今文经学与古文经学的论战。

小知识◎《孝经》

除四书、五经外,《孝经》也是儒家极为重要的一部经典。《孝经》相传为孔子所作,但该书成书于战国时期,可能是孔子后学所为。《孝经》论述了宗法思想及孝道、孝治,是各经中字数最少的一经,全书仅18篇,不足2000字。历代王朝无不标榜"以孝治国",所以在中国古代影响很大。

图书在版编目（CIP）数据

跨越千年的论战：今文经学与古文经学之争 / 巴文泽著. —郑州：中州古籍出版社，2016.1
（华夏文库）
ISBN 978-7-5348-5749-2

Ⅰ.①跨… Ⅱ.①巴… Ⅲ.①经学－研究－中国－古代 ②经学－研究－中国－现代 Ⅳ.①Z126

中国版本图书馆CIP数据核字（2015）第277683号

华夏文库·儒学书系
跨越千年的论战：今文经学与古文经学之争

总 策 划　耿相新　郭孟良
项目统筹　单占生　萧　红（执行）
责任编辑　张　佳
责任校对　牛冰岩
美术编辑　曾晶晶
版式设计　曾晶晶
封面设计　新海岸设计中心
责任印制　刘新毅

出　版　中州古籍出版社
　　　　　地址：河南省郑州市经五路66号
　　　　　邮编：450002
　　　　　电话：0371-65788808　65788179
经　销　新华书店
印　刷　河南新华印刷集团有限公司
版　次　2016年1月第1版
印　次　2016年1月第1次印刷
开　本　960毫米×640毫米　1 / 16
印　张　8.25印张
字　数　60千字
定　价　21.00元

本书如有印装质量问题，由承印厂负责调换